Christiane Hofbauer

Kinder mit Fluchterfahrung in der Kita

Christiane Hofbauer

Kinder mit Fluchterfahrung in der Kita

Leitfaden für die pädagogische Praxis

HERDER

FREIBURG · BASEL · WIEN

MIX
Paper from responsible sources
FSC® C010798

www.herder.de

Umschlagkonzeption und -gestaltung:
SchwarzwaldMädel, Simonswald

Coverabbildung: Johanna O'Byrne

Autorinnenfoto: © Sophia Hautmann

Fotos im Innenteil: © Hartmut W. Schmidt, Freiburg

Satz und Gestaltung: Hauptsatz Susanne Lomer, Freiburg

Herstellung: Graspo CZ, Zlín
Printed the Czech Republic

ISBN 978-3-451-34934-8

Inhalt

Einleitung

Kinder mit Fluchterfahrungen in Kitas? Bis noch vor einem Jahr schien das kein Thema zu sein. Doch die vielen Flüchtlinge, die 2015 und bis heute nach Europa und nach Deutschland kommen sowie das Gefühl, dass diese Flüchtlingsströme nicht so schnell wieder enden werden, machen ein Umdenken erforderlich.

Obwohl spätestens seit dem Jahr 2000, auch bedingt durch die Ergebnisse der ersten PISA-Studie, viel Augenmerk auf die Bildungsbenachteiligung von Kindern mit Migrationshintergrund gelegt wird, scheinen die pädagogischen Fachkräfte in Kitas sich oft sehr unsicher zu fühlen, wenn es um Kinder mit Fluchterfahrungen geht. Was aber ist an ihnen so Besonderes? Zunächst einmal handelt es sich um Migranten wie viele andere auch, die nach Deutschland kamen und kommen. Im Gegensatz zu dieser Gruppe ist die Situation der Flüchtlinge allerdings prekärer: Ihnen stehen zunächst – als Asylsuchende – nur eingeschränkte Sozialleistungen und Möglichkeiten der Teilhabe zu (siehe Kapitel 1), zudem sind auch ihre Lebensbedingungen in Deutschland stärker durch den Staat vorgegeben als bei anderen Migranten (siehe Kapitel 3).

Grundsätzlich kann davon ausgegangen werden, dass Kinder mit Fluchterfahrungen ähnliche Lebensumstände haben wie andere Kinder, die in Armut aufwachsen. Was sie jedoch deutlich von dieser Gruppe unterscheidet – oder zu unterscheiden scheint –, ist ihre Vorgeschichte: Im Heimatland und auf dem Weg nach Deutschland waren viele dieser Kinder schwierigen Situationen ausgesetzt, die man niemandem und vor allem keinem Kind wünscht (siehe Kapitel 2). Diese Kombination von äußerst belastenden »Päckchen« wiegt schwer und lässt viele Erzieherinnen und Erzieher befürchten, dass Kinder mit Fluchterfahrungen nicht ohne Weiteres in den Kita-Alltag zu integrieren und spezielle Fördermaßnahmen nötig sind.

Doch Kitas, die bereits Erfahrungen mit dieser Gruppe von Kindern gemacht haben, wissen: Die meisten von ihnen sind Kinder wie alle anderen auch – mit Ecken und Kanten, mit Stärken und Schwächen. Kinder mit Fluchterfahrungen benötigen sprachliche Förderung (siehe Kapitel 6) und die pädagogischen Fachkräfte interkulturelle Kompetenzen (siehe Kapitel 7), damit die Kinder gut in Deutschland und in der Kita ankommen und leben können – wie viele andere Gleichaltrige mit Migrationshintergrund auch. Daneben gibt es natürlich auch Kinder, die traumatisiert sind (siehe Kapitel 5) und daher Verhaltensweisen aufweisen, die sowohl pädagogische Fachkräfte als auch andere Kinder belasten – dies ist jedoch die Ausnahme und keinesfalls die Regel.

Vielmehr ist zu bedenken: Flüchtlinge sind keine einheitliche Gruppe. Sie kommen aus unterschiedlichen Ländern, sprechen die verschiedensten Sprachen, sind mehr oder weniger gebildet, stammen aus Großstädten oder aus gering besiedelten Gegenden und gehören den unterschiedlichsten Religionen an. Auch die Gründe, aus denen sie nach Deutschland kamen, die Wege, auf denen das geschah, und die Chancen, dauerhaft in Deutschland bleiben zu dürfen, unterscheiden sich stark.

Auch Flüchtlinge aus demselben Herkunftsland können einen äußerst unterschiedlichen Hintergrund haben. So waren unter den syrischen Flüchtlingen, mit denen ich gearbeitet habe, zum Beispiel:

- kurdische, jessidische Schafzüchter, deren Kinder trotz der Schulpflicht in Syrien nie eine Schule besucht hatten, da sie so abgeschieden wohnten;
- ein junger kurdischer, areligiöser Akademiker aus einer Großstadt, der kurdisch, syrisches Arabisch, Hocharabisch, Türkisch und Englisch sprach;
- eine strenggläubige, arabischsprechende muslimische Großfamilie der Mittelschicht aus Damaskus mit gutem Bildungshintergrund (auch der Mädchen) und soliden Englischkenntnissen (bei den Männern und Jugendlichen);
- eine assyrisch sprechende Christin mit ihrem Sohn aus der Mittelschicht, die nur eine geringe Bildung genossen hatte.

Deshalb ist es schwierig, generelle Aussagen zu Kindern mit Fluchterfahrungen und ihren Familien zu treffen. Dennoch soll hier der Versuch gemacht werden, ganz allgemein die Situation von Flüchtlingen und insbesondere von Kindern mit Fluchterfahrung zu beschreiben, um die pädagogischen Fachkräfte in ihrer Arbeit mit den Kindern und ihren Familien zu unterstützen.

1.

Rechtliche Grundlagen

In diesem Kapitel erfahren Sie

- was unter dem Begriff »Flüchtling« zu verstehen ist
- welche Gruppen von Flüchtlingen die Gesetzgebung unterscheidet
- wie sich der rechtliche Status auf die gesamte Lebenssituation der Familien mit Fluchterfahrung auswirkt
- dass die rechtlichen Fakten direkte und indirekte Folgen für die pädagogische Arbeit haben

Rechtliche Fakten scheinen auf den ersten Blick nicht besonders wichtig für die Arbeit mit den Kindern in der Kita zu sein. Doch sind die gesetzlichen Regelungen für die Lebensbedingungen der Kinder mit Fluchterfahrung und ihrer Familien in Deutschland ausschlaggebend und haben damit auch Auswirkungen auf die pädagogische Arbeit.

Um übersichtlich und verständlich zu bleiben, werden hier nur die grundlegenden Bestimmungen dargestellt und nicht alle Sonderfälle und Ausnahmen aufgezählt.[1] Die rechtlichen Überlegungen beziehen sich auf den Stand vom 1. Januar 2016 – wie er für das gesamte Bundesgebiet geltend ist.

1.1 Wer ist Flüchtling?

Flüchtlinge, Migranten, Vertriebene

Im allgemeinen Sprachgebrauch sind Flüchtlinge Menschen, die aus ihrer Heimat fliehen mussten. Verständnis besteht insbesondere für Flüchtlinge, die aus Angst vor Krieg und Bürgerkrieg, politischer Verfolgung oder Folter ihr Heimatland verlassen. Bei den sogenannten Wirtschafts-, Klima- oder auch Umweltflüchtlingen entsteht oft der Eindruck, dass es für sie keinen »echten« Fluchtgrund gibt. Wirtschaftsflüchtlinge kommen meist aus Ländern, die kein oder kaum Geld für soziale Zwecke ausgeben und in denen Armut unter anderem bedeuten kann, keinen Zugang zu Bildung, zu

1 *Eine detaillierte, aber für Laien gut nachvollziehbare Darstellung der rechtlichen Grundlagen findet sich auf der Homepage des Flüchtlingsrates Niedersachsen (www.nds-fluerat.org/leitfaden/). Zwar gibt es hier auch eine Menge an landesspezifischen Bestimmungen, die in aller Regel jedoch kenntlich gemacht sind.*

ärztlicher Versorgung und Medikamenten zu haben. Ähnlich verhält es sich bei Klima- und Umweltflüchtlingen, denen durch die Veränderung des Klimas (Dürre, Anstieg des Meeresspiegels etc.) bzw. die Zerstörung der Umwelt die Lebensgrundlagen und schlimmstenfalls sogar der Lebensraum entzogen werden.

Als Migranten werden in der Alltagssprache Menschen bezeichnet, bei denen keine zwingende Notwendigkeit bestand, aus ihrer Heimat zu fliehen, sondern die aus freien Stücken ihren Lebensraum verlassen haben. Dabei handelt es sich vor allem um »Arbeitsmigranten«, also Menschen, die nach Deutschland kommen, um dort zu arbeiten, aber auch um Studierende oder zum Beispiel Personen, die nach Deutschland einheiraten.

Der Begriff »Vertriebene« kommt heute in der Alltagssprache selten vor – in aller Regel nur im Zusammenhang mit den Geschehnissen nach dem Zweiten Weltkrieg. Hier handelt es sich um Menschen, die gegen ihren Willen aus ihrer Heimat vertrieben worden sind.

Um zu entscheiden, zu welcher Gruppe eine Person oder Familie gehört, müssen nach dieser am Alltagssprachgebrauch orientierten Beschreibung also die Gründe für die Migration und den Aufenthalt in Deutschland bekannt sein. Ein Beispiel: Ein Kind aus der Ukraine besucht die Kita – sein Vater hat Arbeit in Deutschland. Da die Familie während der Krise in der Ukraine zugezogen ist, ist jedoch nicht von vornherein klar, aus welchen Motiven sie nach Deutschland kam.

Flüchtlinge im rechtlichen Sinn

Rechtlich ist der Begriff »Flüchtling« noch schwerer zu fassen: Hier wird zwischen Asylsuchenden, Asylberechtigten, Schutzberechtigten nach der Genfer Flüchtlingskonvention, Subsidiär Schutzberechtigten, Personen mit Abschiebungsverbot, Geduldeten und einer Reihe weiterer, rechtlich definierter Gruppen unterschieden. Zum Teil gibt es auch noch Überbegriffe für verschiedene Bezeichnungen oder aber mehrere Bezeichnungen für ein- und dieselbe Gruppe.

Im Folgenden wird es insbesondere um Familien gehen, die einer dieser rechtlich definierten Gruppen zuzuordnen sind (siehe Kapitel 1.2). Diese Zuordnungen schaffen spezielle rechtliche Bedingungen für den Aufenthalt in Deutschland und haben so auch Konsequenzen für die Kindertageseinrichtungen.

Im alltagssprachlichen Sinne können auch Menschen Flüchtlinge sein, die es rechtlich nicht sind. Ein Beispiel: Ein syrisches Kind besucht die Kita. Seine Mutter hat einen deutschen und einen syrischen Pass, da ihr Vater Deutscher war. Faktisch ist die Mutter mit ihren Kindern aufgrund des Bürgerkrieges nach Deutschland geflohen, rechtlich ist sie aber schon immer Deutsche und hat damit auch andere rechtliche Möglichkeiten und Lebensbedingungen als andere Flüchtlinge.

1.2 Rechtlich definierte Gruppen von Flüchtlingen

Je nachdem, welcher der folgenden rechtlichen Gruppen Flüchtlinge angehören, gelten unterschiedliche gesetzliche Vorgaben. Dementsprechend werden im Folgenden zunächst die einzelnen Flüchtlingsgruppen mit ihrem unterschiedlichen Aufenthaltsstatus dargestellt; im Anschluss wird auf die gesetzlichen Regelungen, die für Kitas relevant sein können, näher eingegangen.

Asylsuchende

Asylsuchende sind Personen, die an die Bundesrepublik Deutschland einen Asylantrag stellen wollen oder bereits gestellt haben und deren Verfahren noch nicht abgeschlossen ist. Asyl kann sowohl außerhalb Deutschlands als auch direkt in Deutschland beantragt werden. Wird der Antrag in Deutschland gestellt, so muss dies kurz nach der Einreise bei einer Polizeidienststelle oder einem Ausländeramt geschehen. Daraufhin erhält der Betroffene eine Bescheinigung über die Meldung als Asylsuchender (BÜMA). Die BÜMA gilt als vorläufiges Ausweispapier, bis der Einzelne einen Termin beim Bundesamt für Migration und Flüchtlinge (BAMF) bekommt, um dort seinen offiziellen Asylantrag stellen zu können.

Stellen Eltern einen Asylantrag, so gilt dieser automatisch auch für alle minderjährigen Kinder, die sich zum Zeitpunkt der Antragstellung oder im Anschluss daran in Deutschland befinden.

Bei der Beantragung von Asyl wird zunächst überprüft, welches Land nach der Dublin-III- bzw. Dublin-II-Verordnung für den Asylantrag zuständig ist. Dabei handelt es sich grundsätzlich um das erste EU-Land (darüber hinaus auch Liechtenstein, Norwegen, die Schweiz und Island), das der Asylsuchende betreten hat bzw. in dem seine Daten vorliegen. Ist ein anderes Land zuständig, wird der Asylsuchende in dieses Land rückgeführt und sein Asylantrag dort verhandelt. Durch den großen Ansturm von

Flüchtlingen wurde das Dublin-Verfahren im letzten Jahr teilweise nicht mehr durchgeführt: Staaten registrierten die ankommenden Flüchtlinge zum Teil nicht mehr, aus Überforderung und um nicht mit einer riesigen Menge von Asylsuchenden konfrontiert zu sein. Andere Länder wie Deutschland verzichteten zeitweise bei bestimmten Flüchtlingsgruppen auf die Überprüfung des Fluchtweges.

Ziel der Bundesregierung ist es, die Verfahren möglichst kurz zu halten. Im zweiten Quartal 2015 dauerte die Durchführung eines Asylverfahrens durchschnittlich 5,4 Monate, wobei allerdings im Juni 2015 schon 12.000 Asylsuchende länger als zwei Jahre auf ihren Bescheid warteten.

In der Bearbeitungszeit von 5,4 Monaten ist zudem die Zeit mit BÜMA nicht erfasst, sondern nur die Spanne von der Antragstellung beim Bundesamt für Migration und Flüchtlinge (BAMF) bis zur Entscheidung. Aufgrund der Menge der ankommenden Flüchtlinge und die damit überforderten Niederlassungen des BAMF warteten im Jahr 2015 Betroffene häufig Monate auf die eigentliche Antragsstellung.

Es können Monate ins Land gehen

Eine Ehrenamtliche berichtet, dass einige der von ihr unterstützten Flüchtlinge ursprünglich einen Termin im November 2015 hatten, um ihren Asylantrag zu stellen. Dieser Termin wird dann auf April 2016 verschoben. Die Betroffenen warten also mindestens sechs Monate auf die Antragsstellung, wobei nicht klar ist, wie lange sie sich im November 2015 bereits in Deutschland aufhielten.

Am Ende des Asylverfahrens steht dann entweder eine Ablehnung oder die Anerkennung des Antrags. Gleichzeitig wird geprüft, ob auch bestimmte andere Formen des Aufenthalts möglich sind.

Asylberechtigte

Das Asylrecht ist in Artikel 16a des Grundgesetzes festgeschrieben. Asyl erhalten danach nur Personen, die staatlich politisch verfolgt werden. Der bzw. diejenige muss in seinem oder ihrem Herkunftsland aufgrund von politischen Überzeugungen, religiösen Grundentscheidungen oder anderer persönlicher Merkmale wie Ethnie, sexuelle Orientierung etc. rechtlich ausgegrenzt werden. Dabei muss es sich um gezielte Rechtsverletzungen handeln und der Betroffene dadurch aus der Gemeinschaft ausgeschlossen werden. Zudem muss es sich um so schwerwiegende Maßnahmen handeln, dass die Menschenwürde verletzt wird. Andere Gründe als politische Verfolgung sind im Asylrecht nicht vorgesehen; es gibt aber im Einzelfall andere Möglichkeiten, legal in Deutschland bleiben zu dürfen.

Im Jahr 2014 erhielten in Deutschland 1,8 Prozent der Antragsteller Asyl; im Jahr 2015 waren es 0,7 Prozent.

Familienangehörige (Kinder und Ehepartner) der Asylberechtigten erhalten auf Antrag denselben Status – nach Überprüfung, ob bei Antragstellung der Asylgrund noch immer vorliegt; der Familiennachzug aus dem Ausland ist möglich.

Schutzberechtigte nach der Genfer Flüchtlingskonvention

Greift das Asylrecht nicht, so kann es sein, dass Flüchtlinge unter den Flüchtlingsschutz fallen, der in Paragraf 3 Absatz 1 des Asylgesetzes (AsylG) geregelt ist: Dazu zählen Personen, die wegen ihrer Rasse, Religion, Nationalität, politischen Überzeugung oder der Zugehörigkeit zu einer bestimmten sozialen Gruppe verfolgt werden. Dabei müssen die Einzelnen entweder vom Staat selbst verfolgt oder aber von diesem nicht gegen die Verfolgung geschützt werden. Die Verfolgung muss zudem die Menschenrechte der Betroffenen einschränken.

Im Jahr 2014 erhielten 25,8 Prozent der Antragsteller Flüchtlingsschutz nach § 3 Abs. 1 AsylG; im Jahr 2015 waren es 48,5 Prozent.

Familienangehörige (Kinder und Ehepartner) der Schutzberechtigten nach der Genfer Flüchtlingskonvention erhalten auf Antrag denselben Status – nach Überprüfung, ob bei Antragstellung der Asylgrund noch immer vorliegt; der Familiennachzug aus dem Ausland ist möglich.

Subsidiär Schutzberechtige

Fallen Flüchtlinge weder unter das Asylrecht noch unter den Flüchtlingsschutz, so kann der subsidiäre Schutz gelten, der in Paragraf 4 Absatz 1 des Asylgesetzes geregelt ist. Der subsidiäre Schutz wird dann gewährt, wenn den Betroffenen im Heimatland ernsthafter Schaden durch die Todesstrafe, Folter oder durch Krieg bzw. Bürgerkrieg droht.

Subsidiärer Schutz wurde im Jahr 2014 vier Prozent der Antragsteller gewährt; im Jahr 2015 waren es 0,6 Prozent.

Familienangehörige (Kinder und Ehepartner) der subsidiär Schutzberechtigten erhalten in der Regel auf Antrag denselben Status – nach Überprüfung, ob bei Antragstellung der Grund noch immer vorliegt; der Familiennachzug aus dem Ausland ist möglich.

Personen mit Abschiebungsverbot

Wenn keiner der bereits genannten Gründe vorliegt, so ist eine Prüfung nach Paragraf 60 Absatz 5 und 7 des Aufenthaltsgesetzes möglich. Ein Abschiebungsverbot kann dann vorliegen, wenn bei Rückkehr ins Heimatland ein Verstoß gegen die Europäische Menschenrechtskonvention wahrscheinlich ist (Absatz 5) oder erhebliche Gefahren für Leib und Leben bestehen (Absatz 7).

Laut Bundesamt für Migration und Flüchtlinge (BAMF) wird ein Abschiebungsverbot nach Absatz 7 vor allem dann beantragt und bewilligt, wenn eine chronische Krankheit im Herkunftsland nicht oder nur unzureichend behandelt werden kann und dadurch eine deutliche Verschlechterung des Gesundheitszustands droht.

Im Jahr 2014 wurde ein Abschiebungsverbot 1,6 Prozent der Antragsteller gewährt; im Jahr 2015 waren es 0,7 Prozent.

Ein Aufenthaltsrecht der Familienangehörigen (Kinder und Ehepartner) und Familiennachzug sind hier nicht automatisch gegeben, aber unter bestimmten Bedingungen möglich.

Geduldete

Wird der Antrag auf Asyl abgelehnt, so wird eine Abschiebung angeordnet. Wenn es einen Grund gibt, der die Abschiebung unmöglich macht (tatsächliche Abschiebungsgründe), oder aber sonstige Ermessensgründe vorliegen, kann eine Duldung ausgesprochen werden. Das ändert nichts daran, dass eine Abschiebung stattfinden soll; sie wird nur für eine bestimmte Zeit ausgesetzt.

Tatsächliche Abschiebungsgründe können Reiseunfähigkeit durch Erkrankung sein, die fehlende Möglichkeit, den Betreffenden in sein Heimatland bringen zu lassen (z. B.

keine passierbaren Flugrouten oder Durchreisemöglichkeiten), oder aber die Weigerung des Landes, in das abgeschoben werden soll, die Betreffenden einreisen zu lassen.

Im Ermessen der Ausländerbehörde liegen Duldungen unter bestimmten Bedingungen, zum Beispiel, um Betroffene eine Berufsausbildung oder ein Schuljahr abschließen zu lassen oder wenn demnächst eine wichtige medizinische Behandlung durchgeführt werden soll.

Das Bundesamt für Migration und Flüchtlinge (BAMF) gibt an, dass 28.578 Menschen im Jahr 2014 ins Land kamen und geduldet wurden, darunter »vielfach« ehemalige Asylsuchende. Damit wurden 2014 – in Bezug zu den in diesem Jahr abgeschlossenen Asylanträgen – maximal 22,2 Prozent der Betroffenen geduldet.

1.3 Aufenthaltsdauer, Wohnen und Bewegungsfreiheit

Asylsuchende

Während der Zeit von der Antragsstellung bis zum Abschluss des Verfahrens erhalten Asylsuchende zunächst die **BÜMA** (Bescheinigung über die Meldung als Asylsuchender), danach eine **Aufenthaltsgestattung**, wobei in der Regel auch die BÜMA als Aufenthaltsgestattung gilt und deswegen im Folgenden nicht mehr einzeln genannt wird. Beide Unterlagen dienen als Ausweispapier, vorhandene Ausweispapiere werden eingezogen.

Asylsuchende werden zunächst bis zu sechs Monate in einer Erstaufnahmeeinrichtung untergebracht. In dieser Zeit soll im Idealfall ihr Verfahren entschieden werden. Spätestens nach sechs Monaten werden die Flüchtlinge in andere Unterkünfte weiterverlegt, unabhängig davon, ob das Verfahren abgeschlossen wurde oder nicht. Sie haben kein Mitspracherecht, wann oder wohin sie verlegt werden.

Während der ersten drei Monate bzw. der Zeit in der Erstaufnahme gibt es die sogenannte **Residenzpflicht**: Die Asylsuchenden dürfen sich nur in einem von der Ausländerbehörde angegebenen Bereich frei bewegen. Wollen oder müssen sie diesen Radius überschreiten, muss das bei offiziellen Terminen dem zuständigen Amt mitgeteilt, ansonsten beantragt und bewilligt werden. Reisen ins Ausland sind für Asylsuchende nicht möglich.

Asylberechtigte und Flüchtlinge nach der Genfer Flüchtlingskonvention

Wird der Antrag auf Asyl anerkannt, bekommen die Betroffenen eine Aufenthaltserlaubnis für drei Jahre, die sie rechtlich in den meisten relevanten Bereichen mit Deutschen gleichstellt. Nach drei Jahren wird die Entscheidung überprüft. Die Betroffenen können dann ein unbefristetes Aufenthaltsrecht (Niederlassungserlaubnis) erhalten.

Als Ausweispapier gilt der internationale Reiseausweis für Flüchtlinge. Reisen ins Ausland sind damit möglich.

Die Betroffenen können sich selbst eine Wohnung suchen und jederzeit innerhalb Deutschlands umziehen. Ein Umzug in ein anderes Land ist in der Regel nach fünf Jahren möglich.

Subsidiär Schutzberechtigte und Personen mit Abschiebungsverbot

Subsidiär Schutzberechtigte erhalten eine Aufenthaltserlaubnis für ein Jahr, die dann jeweils für zwei Jahre verlängert werden kann. Personen mit Abschiebungsverbot bekommen eine Aufenthaltsgenehmigung für mindestens ein Jahr; Verlängerungen sind möglich. Für beide Gruppen ist bei Ablauf ein Antrag zu stellen, und es wird überprüft, ob die Gründe für den Aufenthaltsstatus noch bestehen. Nach fünf Jahren ist eine unbefristete Aufenthaltserlaubnis möglich.

Die Betroffenen bekommen keinen speziellen Pass ausgehändigt; sie erhalten entweder die Papiere, mit denen sie eingereist sind, oder aber gegebenenfalls einen Passersatz. Dieser reicht aus, um sich in Deutschland frei zu bewegen. Reisen ins Ausland sind damit nicht möglich.

Die Betroffenen können sich nun selbst eine Wohnung suchen und teilweise innerhalb Deutschlands umziehen. Mit dem Bezug von Sozialleistungen kann eine Wohnsitzauflage verbunden sein. Darin wird festgelegt, wo der Einzelne zu wohnen hat; dabei kann es sich um eine Kommune, einen Landkreis oder ein Bundesland handeln. Reisen innerhalb Deutschlands sind jederzeit möglich, ein Umzug ins Ausland in der Regel nicht.

Geduldete

Duldungen gelten oft nur für kurze Zeit, wobei es keine gesetzlichen Vorgaben für die Dauer gibt. Häufig werden Duldungen für einen, drei oder sechs Monate ausgestellt. Besteht der Duldungsgrund dann weiter, wird die Duldung verlängert, sodass es auch Personen gibt, die jahrelang geduldet sind. Im Gegensatz zu den anderen beschriebenen Gruppen gibt es bei diesem Aufenthaltsstatus kaum Möglichkeiten, eine unbefristete Aufenthaltserlaubnis zu erlangen.

Für Geduldete gibt es keine speziellen Papiere. Sie bekommen eine Unterkunft in einer Erstaufnahmeeinrichtung oder in einer Kommune zugewiesen. Wenn die Betroffenen keine finanziellen Leistungen vom Staat erhalten, weil sie Vermögen oder Einkommen haben, können Wohnung und Wohnsitz frei gewählt werden.

Während der ersten drei Monate in Deutschland besteht für Geduldete eine **Residenzpflicht**: Sie dürfen sich nur in einem von der Ausländerbehörde angegebenen Bereich frei bewegen. Wollen oder müssen sie diesen Radius überschreiten, muss das bei Amtsterminen mitgeteilt, ansonsten beantragt und bewilligt werden. Reisen ins Ausland sind nicht möglich.

1.4 Arbeit, Sozial- und Familienleistungen

Asylsuchende

Asylsuchenden ist während der Zeit in der Erstaufnahme, auf jeden Fall aber drei Monate lang untersagt, eine Arbeit aufzunehmen. Danach gibt es einen eingeschränkten Zugang zum Arbeitsmarkt.

15 Monate lang besteht ein Anspruch auf Grundleistungen nach den Paragrafen 3 bis einschließlich 7 des Asylbewerberleistungsgesetzes (AsylbLG), die etwas unter Hartz-IV-Niveau liegen. Danach erhalten die Betroffenen Sozialleistungen nach § 2 AsylbLG, die den Leistungen nach Sozialgesetzbuch XII (SGB XII) entsprechen.

Bei diesen Sozialleistungen wird – ähnlich wie bei Hartz IV – Vermögen und/oder Einkommen auf die Leistungen angerechnet. Nur ein Freibetrag von 200 Euro pro Person und Gegenstände, die für eine Berufsausbildung oder Erwerbstätigkeit unentbehrlich sind, sind von der Anrechnung auf das Vermögen ausgenommen.

In der Erstaufnahme werden die Sozialleistungen vor allem in Sachleistungen ausgegeben, danach entweder in Sachleistungen, Gutscheinen oder Geld. In der Regel erhalten Asylsuchende kein Kinder- und kein Elterngeld.

Ein Problem mit Sachleistungen

Eine Ehrenamtliche, die sich bereits in den 1980er Jahren in Bayern für Flüchtlinge engagierte, berichtet, dass damals die erste wichtige Aktion das Kochen war: Die Asylsuchenden bekamen Nahrungsmittelpakete, die zum Teil auch Dinge wie Knödelbrot (alte Semmeln in Scheiben oder Würfel geschnitten) enthielten – schon außerhalb Bayerns ein etwas exotisches Lebensmittel und für die Asylsuchenden schlicht unverständlich, was damit anzufangen ist …

Asylberechtigte, Flüchtlinge nach der Genfer Flüchtlingskonvention und subsidiär Schutzberechtigte

Die Betroffenen haben Zugang zum Arbeitsmarkt wie Deutsche. Auch in Bezug auf soziale Leistungen sowie Kinder- und Elterngeld gelten die gleichen Regelungen wie für Deutsche.

Personen mit Abschiebungsverbot

In diesem Fall wird eine Arbeitserlaubnis nicht automatisch erteilt; es ist aber möglich, eine solche Erlaubnis zu erhalten. In Bezug auf soziale Leistungen gelten die gleichen Regelungen wie für Deutsche. Kinder- und Elterngeld werden unter bestimmten Bedingungen gewährt.

Geduldete

Geduldete haben in den ersten drei Monaten einen extrem eingeschränkten, danach einen eingeschränkten Zugang zum Arbeitsmarkt. Ab vier Jahren Aufenthalt unterliegen sie den gleichen Bestimmungen wie Deutsche.

15 Monate lang gibt es für die Betroffenen einen Anspruch auf Grundleistungen nach den Paragrafen 3 bis einschließlich 7 des Asylbewerberleistungsgesetzes (AsylbLG), die etwas unter Hartz-IV-Niveau liegen. Danach erhalten sie Sozialleistungen nach § 2 AsylbLG, die den Bestimmungen nach SGB XII entsprechen.

Bei diesen Sozialleistungen wird – wie bei Hartz IV – Vermögen und/oder Einkommen auf die Leistungen angerechnet. Nur ein Freibetrag von 200 Euro pro Person und Gegenstände, die für eine Berufsausbildung oder Erwerbstätigkeit unentbehrlich sind, werden hier nicht einbezogen.

Die Grund- und Sozialleistungen werden – je nach Bundesland und Gegebenheiten vor Ort – in Sachleistungen, Gutscheinen oder Geld ausgegeben. Wenn geduldete Personen bereits gearbeitet haben, steht ihnen gegebenenfalls Arbeitslosengeld I zu, nicht aber Arbeitslosengeld II. Die Betroffenen erhalten in der Regel kein Kinder- oder Elterngeld.

1.5 Medizinische Versorgung

Asylsuchende und Geduldete

Während der ersten 15 Monate werden nach § 4 AsylbLG nur ärztliche Behandlungen von akuten Erkrankungen, Schmerzzuständen sowie »medizinisch gebotene« Vorsorgemaßnahmen finanziert. Dabei besteht eine relativ große Grauzone, welche Behandlungen nun wirklich erforderlich sind und welche nicht.

Die Betroffenen besitzen keine Krankenversicherung; die Finanzierung erfolgt über das Sozialamt. Für Behandlungen benötigen Asylsuchende und geduldete Personen in der Regel einen Krankenschein, der beim Sozialamt beantragt werden muss, wobei das genaue Vorgehen auch innerhalb der Bundesländer unterschiedlich sein kann. In Bremen und Hamburg, aber vereinzelt auch in anderen Bundesländern gibt es für Asylsuchende Gesundheitskarten.

Für sozialversicherungspflichtig arbeitende Asylsuchende und Geduldete bzw. nach 15 Monaten Aufenthaltsdauer gelten die gleichen Regelungen wie für Deutsche. Bei Empfängern von Sozialleistungen rechnet das Sozialamt die Kosten mit der Krankenkasse ab.

Asylberechtigte, Flüchtlinge nach der Genfer Flüchtlingskonvention, subsidiär Schutzberechtigte und Personen mit Abschiebungsverbot

Für die Betroffenen gelten die gleichen Regelungen zur medizinischen Versorgung wie für Deutsche.

1.6 Integrationskurse

Der Integrationskurs beinhaltet in der Regel 600 Stunden Deutschunterricht und 60 Stunden Orientierungskurs, in dem Wissen über das Leben in Deutschland vermittelt wird. Ziel des Deutschunterrichts ist die Sprachstufe B1, die dazu ausreicht, um über Alltägliches zu sprechen.

Asylsuchende

Die Betroffenen können an einen Integrationskurs teilnehmen, wenn Plätze frei sind und ihre Bleibewahrscheinlichkeit hoch ist.

Asylberechtigte, Flüchtlinge nach der Genfer Flüchtlingskonvention und subsidiär Schutzberechtigte

Sie haben einen Anspruch auf die Teilnahme am Integrationskurs und können zudem zur Teilnahme verpflichtet werden, wenn sie über relativ geringe Sprachkenntnisse verfügen.

Personen mit Abschiebungsverbot

Für die Betroffenen ist kein Integrationskurs vorgesehen; sie können aber gegebenenfalls daran teilnehmen, wenn Plätze frei sind.

Geduldete

Die Betroffenen mit Ermessensduldung können an einem Integrationskurs teilnehmen, wenn Plätze frei sind.

1.7 Zugang zu Kita und Schule & Leistungen für Teilhabe und Bildung

Der Zugang zu Krippe, Kita und Hort ist bundesweit in Paragraf 24 des Sozialgesetzbuches VIII (SGB VIII) geregelt und gilt für alle Kinder. So haben auch Kinder mit Fluchterfahrungen ab dem ersten Lebensjahr ein Recht auf einen Kita-Platz. Die Kosten werden gegebenenfalls vom Jugendamt übernommen.

Der Anspruch auf Leistungen für Bildung und Teilhabe gelten ebenfalls für alle Kinder in gleichem Maß, also auch für Kinder mit Fluchterfahrungen; die Leistungen können beim Jugendamt beantragt werden.

Während der Zeit in der Erstaufnahme ist in der Regel keine Unterbringung in Kindertageseinrichtungen vorgesehen. Hier wird § 2 Satz 2 SGB VIII, nach dem die Regelungen für Ausländer dann gelten, wenn sie »rechtmäßig oder auf Grund einer ausländerrechtlichen Duldung ihren gewöhnlichen Aufenthalt im Inland haben«, anscheinend so interpretiert, dass ein gewöhnlicher Aufenthalt in der Erstaufnahme noch nicht vorliegt. Zum Teil wird in der Erstaufnahme Kinderbetreuung angeboten; es handelt sich dabei oft um Angebote von Ehrenamtlichen, die teilweise nur auf stundenweise Betreuung ausgerichtet sind.

In allen Bundesländern besteht Schulpflicht: Sie beginnt für Kinder mit Fluchterfahrung – je nach Bundesland – entweder sofort, nach dem Aufenthalt in der Erstaufnahmeeinrichtung oder aber nach drei bzw. sechs Monaten. Ein Schulrecht, das bedeutet die Möglichkeit, vor diesem Zeitpunkt die Schule zu besuchen, gibt es nur in einem Teil der Länder. Ein Überblick über die gesetzlichen Regelungen zur Schulpflicht in den einzelnen Ländern findet sich in der folgenden Zusammenstellung.

Weil in einigen Bundesländern speziell auf den Aufenthaltsstatus eingegangen wird, kommt es nach den rechtlichen Neuregelungen vom Oktober 2015 teilweise zu Unsicherheiten: Inwieweit gelten die Regelungen auch für Kinder mit BÜMA? Laut § 55 Absatz 1 AsylG beginnt die Aufenthaltsgestattung mit der BÜMA nicht erst mit dem als Aufenthaltsgestattung benannten Ausweispapier. Somit ist nach Auffassung vieler Juristen kein Unterschied zwischen Kindern mit BÜMA und Kindern mit Aufenthaltsgestattung zu machen.

Die Erfüllung des Rechtsanspruchs auf einen Kita-Platz und der Schulpflicht stellen Kommunen, Träger, Kindertageseinrichtungen und Schulen augenblicklich vor große Herausforderungen. So beklagt eine Initiative der Freudenberg-Stiftung im September 2015: »Trotzdem erleben geflüchtete Kinder und ihre Eltern in vielen Fällen, dass es größte Mühe bereitet, eine Kita oder Schule zu finden – und zudem eine, die in erreichbarer Nähe des Wohnortes liegt. Der Zugang zu Kindertagesstätten ist häufig aufgrund langer Wartelisten erschwert und Kitas sind nicht bedarfsgerecht ausgestattet« (S. 11). Und weiter zur Schule: »So fehlen z. B. Räumlichkeiten und Schulplätze – sowohl in Willkommens- oder Vorbereitungsklassen als auch in Regelklassen. Nach wie vor verzögern oder unterbrechen Anforderungen, wie der Nachweis von Identitätspapieren, Zeugnissen oder Gesundheitsuntersuchungen die zeitnahe Aufnahme in die Schule« (ebd.).

Überblick über die gesetzlichen Regelungen zur Schulpflicht in den einzelnen Bundesländern (entnommen aus Weiser 2013, S. 13f., durch eigene Recherche aktualisiert)

Bundesland	Regelung zur Schulpflicht
Baden-Württemberg	Ab 6 Monaten nach Zuzug (§ 72 Abs. 1 S. 3 Schulgesetz)
Bayern	Ab 3 Monaten nach Zuzug (Art. 35 Abs. 1 S. 2 Nr. 1 und S. 2 Hs. 2 Bayerisches Gesetz über das Erziehungs-und Unterrichtswesen)
Berlin	Ab sofort (§ 41 Abs. 2 Schulgesetz)
Brandenburg	Ab Verlassen der Erstaufnahmeeinrichtung (§ 36 Abs. 2 und § 40 Abs. 2 Schulgesetz sowie § 1 Abs. 1 und § 2 Abs. 1 Verordnung zum Ruhen der Schulpflicht nach Asylanträgen, 30.11.1998)

Bremen	Ja, wegen Wohnung in Bremen (§ 52 Bremisches Schulgesetz in Verbindung mit § 15 S. 1 Meldegesetz Bremen)
Hamburg	Ab sofort (§ 37 Hamburgisches Schulgesetz und Nr. 1 Richtlinie für den Umgang mit Schulpflichtverletzungen, 06.05.2013)
Hessen	Ab Zuweisung in eine Kommune (§ 56 Abs. 1 Hessisches Schulgesetz und § 46 Abs. 1 S. 1 Verordnung zur Gestaltung des Schulverhältnisses, 29.04.2014)
Mecklenburg-Vorpommern	Ab Zuweisung in eine Kommune (§ 41 Abs. 1 S. 1 Schulgesetz/ Nr. 3.4 S. 1 Bestimmungen zur Eingliederung und zum Schulbesuch von Schülern nichtdeutscher Herkunftssprache in Schulen Mecklenburg-Vorpommerns, 01.08.2011)
Niedersachsen	Ab Wegfall der Verpflichtung in einer Erstaufnahmeeinrichtung zu wohnen (§ 63 Abs. 1 Nds. Schulgesetz/3.1.1, 3.1.2. Erlass des Niedersächsischen Kultusministeriums »Ergänzende Bestimmungen zur Schulpflicht und zum Rechtsverhältnis zur Schule«, 01.03.2006)
Nordrhein-Westfalen	Ab Zuweisung in eine Kommune (§ 34 Abs. 6 S. 1 Schulgesetz)
Rheinland-Pfalz	Ab Zuweisung in eine Kommune (§ 56 Abs. 1 Schulgesetz/Rn. 2 Abs. 2 S. 1 Verwaltungsvorschrift »Unterricht von Schülerinnen und Schülern mit Migrationshintergrund«, 22.11.2006)
Saarland	Ab sofort (§ 30 Abs. 1 S. 1 Schulordnungsgesetz Saarland/§ 1 S. 1 Verordnung zum Unterricht für ausländische Kinder, Jugendliche und Heranwachsende sowie Schüler und Schülerinnen mit Migrationshintergrund, 03.08.2015)
Sachsen	Ab Zuweisung in eine Kommune (§ 26 Abs. 1 S. 1 Schulgesetz sowie www.asylinfo.sachsen.de/schulbesuch-und-kitabetreuung.html, abgerufen am 14.01.2016[2])
Sachsen-Anhalt	Ab Zuweisung in eine Kommune (§ 36 Abs. 1 Schulgesetz sowie Nr. 2.1 Aufnahme von Schülerinnen und Schülern mit Migrationshintergrund an allgemeinbildenden und berufsbildenden Schulen des Landes Sachsen-Anhalt, RdErl. des MK, 01.08.2012)
Schleswig-Holstein	Ja, wegen Wohnung in Schleswig-Holstein (§ 20 Abs. 1 S. 1; § 2 Abs. 8 Schulgesetz i.V.m. § 13 Landesmeldegesetz)
Thüringen	Ab drei Monaten nach Zuzug (§ 17 Abs. 1 S. 2 Thüringer Schulgesetz)

2 *Bei der angegebenen Homepage handelt es sich nicht um eine rechtsverbindliche Grundlage; eine solche konnte nicht aufgefunden werden.*

1.8 Folgen für die Kita

Die beschriebenen rechtlichen Regelungen haben vor allem indirekte Auswirkungen auf die Kindertageseinrichtungen, denn sie bestimmen die Lebensbedingungen der Kinder mit Fluchterfahrungen und ihrer Familien in einem hohen Maß. So wird in den folgenden Kapiteln immer wieder Bezug darauf genommen. Es gibt aber auch einige direkte Folgen für Kitas:

- Achten Sie bei Ausflügen darauf, ob Sie Kinder in der Einrichtung haben, die der **Residenzpflicht** unterliegen (siehe Seite 17 ff.). Sprechen Sie gegebenenfalls mit dem zuständigen Ausländeramt bzw. bitten Sie die Eltern, eine Genehmigung einzuholen, wenn der vorgegebene Aufenthaltsbereich zum Beispiel bei einer Exkursion überschritten wird.
- Auch für Kinder mit Fluchterfahrung gibt es gegebenenfalls die Möglichkeit, im Rahmen von **Kita-Ausflügen** oder **Klassenfahrten** ins (benachbarte) Ausland zu reisen. Erkundigen Sie sich in solchen Fällen beim zuständigen Ausländeramt.
- Wundern Sie sich nicht, wenn Sie asylsuchenden und geduldeten Familien bestimmte **medizinische Untersuchungen** für ihr Kind (z. B. eine Überprüfung des Gehörs) empfehlen, die dann nicht durchgeführt werden: Häufig werden diese Untersuchungen nicht genehmigt.
- Ähnlich verhält es sich mit **Zahnersatz** und **Hilfsmitteln** wie Brillen oder Hörgeräten.

Indirekte Auswirkung der rechtlichen Regelungen

Von einer indirekten Auswirkung der rechtlichen Regelungen berichtet eine Kita-Leiterin: »Die Kinder besuchten schon länger die Kita, als ihre Eltern beide zur Teilnahme am Integrationskurs verpflichtet werden. Doch der Integrationskurs endet erst nach der Buchungszeit der Kita. Die Eltern selbst sind nicht in der Lage, dem Jugendamt und der Ausländerbehörde diese Problematik so darzustellen, dass eine der beiden Stellen reagiert hätte. So musste schlussendlich ich als Leitung eingreifen und mit den Behörden sprechen, um die Situation zu klären und eine Lösung zu finden.«

2.
Auf der Flucht

In diesem Kapitel erfahren Sie

- welche Gründe Menschen zwingen können, aus ihrer Heimat zu fliehen
- welche Erfahrungen gerade Kinder auf der Flucht machen müssen
- wie sich das Familiengefüge durch die Flucht verändern kann
- wie pädagogische Fachkräfte das Verhalten von Familien mit Fluchterfahrungen besser verstehen können

Die Ursachen der Flucht sowie die Erfahrungen, die auf der Flucht gemacht werden, hinterlassen tiefe Spuren bei den Betroffenen. Grundsätzlich ist es jedoch schwer, Aussagen zur Flucht zu verallgemeinern: Je nach Herkunftsland, Fluchtgründen, finanziellen Möglichkeiten, aber auch durch reinen Zufall können sich Fluchterfahrungen deutlich voneinander unterscheiden. Während manche Flüchtlinge jahrelang auf dem Weg sind, kommen andere vergleichsweise schnell nach Deutschland. Völlig unproblematisch verläuft eine Flucht aber selten: Rein theoretisch könnte man sich im Herkunftsland ins Flugzeug setzen und in Deutschland aussteigen – und dort sofort Asyl beantragen. Doch praktisch benötigen die Betroffenen dafür in der Regel ein Visum, das für Menschen aus Krisenregionen nicht leicht zu erhalten ist. Daher bleibt meist nur die Möglichkeit, illegal Grenzen zu überschreiten.

2.1 Flucht und Flüchtlinge weltweit

Laut dem Flüchtlingshilfswerk der Vereinten Nationen (UNHCR) gab es Ende 2014 weltweit 59,5 Millionen Flüchtlinge, von denen 38,2 Millionen im eigenen Land blieben, 19,5 Millionen in andere Länder flüchteten und 1,8 Millionen Asyl beantragten. Die meisten Flüchtlinge versuchen in ihrem eigenen Sprach- und Kulturkreis zu bleiben. Nur etwa fünf Prozent der Flüchtlinge weltweit suchen in Europa Schutz.

Die Flucht nach Deutschland verläuft häufig in Etappen: Bei vielen Flüchtlingen besteht nicht von Anfang an der Wunsch, nach Europa zu kommen. Weiten sich zum Beispiel bewaffnete Konflikte jedoch auf das zunächst gewählte Exilland aus, gibt es keine Bleibeperspektive, stellen sich die Lebensbedingungen als schwierig heraus oder sehen die Betroffenen dort keine Möglichkeit, sich ein neues Leben aufzubauen, so reisen sie häufig weiter.

Laut UNHCR handelte es sich im Jahr 2014 bei etwa der Hälfte der Flüchtlinge weltweit um Frauen und Mädchen, etwas über die Hälfte waren unter 18 Jahren. In Deutschland stellten von Januar bis November 2015 genau 392.028 Personen einen Asylantrag – davon etwa ein Drittel Frauen und Mädchen und ebenfalls rund ein Drittel unter 18 Jahren. Im Vergleich zu den weltweiten Zahlen handelt es sich hier um einen deutlich geringeren Prozentsatz an Frauen und Kindern, was daran liegt, dass sich häufig zunächst die Männer auf den riskanten Weg nach Europa machen – in der Hoffnung, die Familie später nachholen zu können.

2.2 Fluchtgründe

Menschen entschließen sich aus vielen Gründen zur Flucht. Manche leben in Ländern, in denen Krieg oder Bürgerkrieg herrscht und sie Angst haben, getötet, zum Kriegsdienst gezwungen, vergewaltigt oder verschleppt zu werden. In manchen Regionen werden Mitglieder bestimmter ethnischer oder religiöser Gruppen verfolgt und getötet, vertrieben oder unterdrückt. Vergleichsweise wenige Flüchtlinge werden aufgrund politischer Meinungsäußerungen verfolgt und haben Angst vor Verhaftung und Folter. Familienangehörige fürchten, für Taten von Angehörigen in »Sippenhaft« genommen zu werden und fliehen deswegen. Auch umweltbedingte, soziale und wirtschaftliche Gründe spielen eine Rolle. Bei Frauen und Mädchen kommen als Fluchtgründe noch Angst vor häuslicher Gewalt, Zwangsverheiratung oder Genitalbeschneidung hinzu.

Warum Menschen fliehen müssen

Ein syrischer Mann erzählt kurz nach seiner Ankunft in Deutschland, dass seine Schwiegersöhne aus Angst vor dem Militärdienst in die Türkei geflohen waren, während er mit seiner Frau, seinen minderjährigen Kindern sowie den Töchtern und Enkelkindern weiter in Syrien lebte. In der Straße, in der die Familie wohnte, kam es zu einem Schusswechsel, in dem ein Mann starb. Aus Angst vor Heckenschützen wurde die Leiche über Tage liegengelassen. Als schließlich Hunde an der Leiche fraßen, löste das seinen endgültigen Entschluss aus zu fliehen.

Allen Flüchtlingen ist gemeinsam, dass sie das Gefühl haben, für ein besseres Leben ihre Heimat verlassen zu müssen. Kinder haben dabei in der Regel kein Mitspracherecht: Sie flüchten nicht selbstständig, sie werden geflüchtet.

2.3 Fluchtrouten nach Europa

Fluchtrouten verändern sich ständig. Wenn eine Strecke stark genutzt wird, werden dort in der Regel Grenzzäune gebaut und/oder die Grenzkontrollen verschärft. So weichen Schlepper und Flüchtlinge immer wieder auf andere, meist noch beschwerlichere und gefährlichere Routen aus.

Auf der Homepage der europäischen Grenzschutzbehörde Frontex (http://frontex.europa.eu/trends-and-routes/migratory-routes-map/) sind die aktuell genutzten Fluchtrouten zu finden. Ende 2015 gab es acht große Fluchtrouten, von denen vier über das Meer nach Spanien, Italien oder Griechenland führen und die anderen über Land durch Osteuropa. Von Januar bis November 2015 nutzten laut Frontex 1,56 Millionen Menschen diese Routen, wobei fast 90 Prozent auf dem Landweg kamen.

Wie viele Menschen auf der Flucht nach Europa sterben ist unklar. Das Projekt »The Migrant's Files«, das von Journalisten durchgeführt wird, versucht, die Todesfälle so gut wie möglich zu erfassen und auf der Homepage www.themigrantsfiles.com/ zu veröffentlichen. Vom 1. Januar 2000 bis zum 31. März 2014 wurden über 30.000 Flüchtlinge gezählt, die auf der Flucht nach Europa bzw. innerhalb Europas starben. Die Projektverantwortlichen weisen jedoch darauf hin, dass von einer hohen Dunkelziffer auszugehen ist. Als besonders gefährlich stellt sich die Überquerung des Mittelmeers dar. Im dritten Quartal 2014 haben laut UNHCR 90.000 Menschen Europa über das Mittelmeer erreicht, mindestens 2.200 starben im gleichen Zeitraum bei diesem Versuch.

2.4 Erfahrungen auf der Flucht

Auf der Flucht zu sein bedeutet, meist illegal unterwegs zu sein und ständig Angst vor Verhaftung oder Abschiebung zu haben. Dieser Zustand beginnt nicht erst in Europa, sondern umfasst die Reise durch mehrere Länder und über verschiedene Grenzen.

Auf der Flucht sind Flüchtlinge meist auf die Hilfe von Schleppern angewiesen, die Wissen über die Grenze und ihre Tücken und/oder Verbindungen zu korrupten Grenzbeamten haben und die Menschen bis zum Grenzübertritt in Verstecken unterbringen. Dabei können Flüchtlinge sich nie sicher sein, dass Schlepper sie nicht ausrauben, irgendwo zurücklassen und auch wirklich ins vereinbarte Land bringen. Frauen bekommen teilweise Rabatt von Schleusern, wenn sie diesen dafür sexuell gefällig sind. Auch Kinder sind – wie Frauen – besonders durch gewaltsame und sexuelle Übergriffe gefährdet.

Flucht beinhaltet meist viele Wartesituationen. Warten, dass eine Transportmöglichkeit zur Verfügung steht, die Grenze relativ sicher passiert werden kann, das Wetter mitspielt ... In diesen Wartezeiten oft schon in Ländern, in denen sich die Flüchtlinge illegal aufhalten, gilt es, möglichst unauffällig zu bleiben, um nicht wieder abgeschoben zu werden. Häufig warten die Flüchtlinge dann in Verstecken auf engstem Raum und unter schlechten hygienischen Bedingungen.

Wartezeiten entstehen auch dann, wenn erst das Geld für die Schlepper verdient werden muss. Dabei handelt es sich in der Regel um unangenehme Arbeiten unter schlechten Bedingungen, da die Betroffenen als Illegale keine Wahlmöglichkeiten haben und sich kaum gegen Ungerechtigkeiten wehren können.

Viele Flüchtlinge brauchen mehrere Versuche, bis sie eine Grenze überquert haben, oder werden wieder aufgegriffen und zurückgeschickt, um abermals die Flucht zu wagen. Dabei kommt es auch immer wieder dazu, dass Familien getrennt werden.

Familien werden auf der Flucht getrennt

Eine Familie will nach Schweden fliehen. Auf der Route werden die Mutter mit dem jüngsten Sohn in einem, die beiden älteren Söhne in einem anderen Auto transportiert. Der Vater befindet sich noch in Syrien. Während das Auto mit den älteren Söhnen unbehelligt Schweden erreicht, werden die Mutter und der jüngste Sohn an der deutschen Grenze aufgegriffen.

Flucht bedeutet meist auch, nur das Allernötigste mitnehmen zu können. Gepäck ist Ballast, der einen in bewohnten Gegenden als Fremden kennzeichnet, bei langen Märschen durch sein Gewicht belastet und beim Transport auf Booten oder in Lastwägen Platz wegnimmt. Zudem besteht immer die Gefahr, beraubt zu werden. Das bedeutet auch, dass meist nur wenig Proviant mitgenommen werden kann und streng eingeteilt werden muss, sodass Flüchtlinge immer wieder unter Wasser- und Nahrungsmittelknappheit leiden.

Kinder erleben ihre Eltern auf der Flucht häufig als ohnmächtig und abhängig. Väter und Mütter können ihre Elternrolle nur noch bedingt erfüllen. Sie sind häufig selbst in einer Position, in der sie sich nicht als selbstwirksam erleben können. Das wiederum wirkt sich auf ihr Verhalten den Kindern gegenüber aus. So wird das Familiengefüge verändert. Kinder können ihre Eltern nur noch bedingt als diejenigen wahrnehmen, die sie vor Gefahren schützen können, und es kommt immer wieder zur Verantwortungsübernahme der Kinder gegenüber den Eltern.

2.5 Folgen für die Kita

Fragen nach der Flucht

Häufig wünschen sich pädagogische Fachkräfte, schon im Vorfeld über die Fluchtgründe und Fluchterfahrungen der aufzunehmenden Kinder informiert zu werden, um mit eventuell auftretenden psychischen Problemen später besser umgehen zu können. Es gibt aber gute Gründe, nicht direkt nach diesen Erlebnissen zu fragen: Möglicherweise handelt es sich um sehr belastende Erfahrungen, die selbst im engsten Freundes- oder Familienkreis kaum angesprochen werden. Schlimmstenfalls können durch Nachfragen bei den Eltern sogar Symptome einer Posttraumatischen Belastungsstörung (siehe Kapitel 5) ausgelöst werden. Und nicht zuletzt wissen Flüchtlinge, dass Aussagen zu den Fluchtgründen und dem Fluchtweg einen extrem hohen Stellenwert haben, wenn es um ihr Bleiberecht in Deutschland geht. Da sich Flüchtlinge oft nicht sicher sind, inwieweit Kitas sich mit anderen Behörden austauschen, kann es sein, dass sie deswegen bestimmte Dinge – zum Beispiel Situationen, die sich in anderen EU-Ländern auf der Durchreise ereignet haben – nicht mitteilen.

Allgemeine Fragen, wie zum Beispiel, ob die Kinder mit auf der Flucht waren oder nachgezogen sind, oder ob es etwas gab, das den Kindern auf der Flucht besonders schwergefallen ist, können aber durchaus gestellt werden.

Verhalten der Kinder

Fluchterfahrungen können sich – unabhängig von Traumafolgestörungen (siehe Kapitel 5) – auf das Verhalten der Kinder auswirken. Manche Eigenschaften und Verhaltensweisen werden durch die Flucht verstärkt bzw. gefördert. Dazu zählen Fähigkeiten wie zum Beispiel soziale Kompetenzen, die die persönliche Entwicklung fördern, aber auch solche, die sie eher hemmen. Darunter fällt zum Beispiel passives Verhalten, das auf der Flucht sehr wichtig sein kann, um nicht aufzufallen. Weiter ist hier an Kinder zu denken, die aufgrund ihrer Erfahrungen alle Situationen – egal, wie schlimm sie auch für sie sein mögen – klaglos ertragen.

Wieder zu fragen wagen

Zwei Schwestern kommen neu in die Kita und werden in verschiedenen Gruppen untergebracht. Die Eingewöhnungszeit fällt ihnen schwer, wobei die Kinder aber kaum weinen. Im Garten sucht die jüngere Schwester wochenlang sofort den Kontakt zur älteren. In gruppenübergreifenden Situationen, in denen die Gruppen getrennt voneinander sitzen (z. B. beim gemeinsamen Singen), macht die Jüngere jedoch nie den Versuch, zu ihrer Schwester zu gelangen, obwohl sie sie permanent beobachtet. Erst als sie bei mehreren solchen Gelegenheiten von den Erzieherinnen aufgefordert wird, zu ihrer Schwester zu gehen (was sie strahlend tut!), wagt sie, in ähnlichen Situationen zu fragen.

Wenn der Mangel beherrschend ist

In der Erstaufnahme führen Ehrenamtliche Bastel- und Malangebote für die Kinder durch. Dabei fällt ihnen auf, dass einige der neuankommenden Kinder die angebotenen Materialien zunächst gar nicht nutzen können, sondern sich nur möglichst viel davon nehmen und versuchen, die Sachen vor den anderen Kindern in Sicherheit zu bringen. Viel Geduld und Feingefühl sind gefragt, wenn die Ehrenamtlichen den Kindern die Materialien wieder abzunehmen versuchen, denn die Kinder leiden wirklich darunter, die Sachen hergeben zu müssen. Erst wenn sie mit der Zeit merken, dass die Materialien immer wieder und in ausreichender Zahl zur Verfügung gestellt werden, sind die Kinder dann in der Lage, an den Aktivitäten teilzunehmen.

3. Lebensbedingungen in Deutschland

In diesem Kapitel erfahren Sie

- wie Kinder mit Fluchterfahrungen ihre Lebenssituation in Deutschland beurteilen
- welche Auswirkungen das Leben in Gemeinschaftsunterkünften auf die Kinder haben kann
- wie der unsichere Aufenthaltsstatus gerade auch die Kinder betrifft
- was mit dem Fachbegriff „Parentifizierung" gemeint ist
- wie Kitas Kinder mit Fluchterfahrungen stärken können

Grundsätzlich könnte man annehmen, dass mit der Ankunft in Deutschland die Belastung durch die Flucht ein Ende hat. Insgesamt gibt es kaum Studien und Zahlen dazu, unter welchen Bedingungen Kinder mit Fluchterfahrungen in Deutschland leben. Die wenigen Studien zeigen aber, dass der Aufenthalt in Deutschland oft ebenfalls sehr belastend ist.

So hat das Kinderhilfswerk der Vereinten Nationen (Unicef) einen Bericht in Auftrag gegeben (Berthold 2014), in dem auf Basis der vorhandenen Literatur und von Interviews verschiedene Problempunkte aufzeigt werden, die die Lebenssituation vieler Kinder mit Fluchterfahrungen in Deutschland bestimmen: Bemängelt werden insbesondere die geringe Berücksichtigung der Kinder im Asylverfahren, die Wohnsituation, der unsichere Aufenthaltsstatus, die medizinische Versorgung sowie unzureichende Hilfestellungen für Familien. Andere Berichte kommen zu sehr ähnlichen Schlüssen, und auch Studien zu Traumata bei Kindern und Jugendlichen mit Fluchterfahrungen zeigen, dass die Lebenssituation in Deutschland oft ein weiterer Belastungsfaktor ist und Traumafolgestörungen (mit)erzeugen kann.

3.1 Von Kindern und Jugendlichen genannte Belastungsfaktoren

Systematische Befragungen von Flüchtlingskindern zu ihrer Lebenssituation in Deutschland gibt es augenblicklich noch nicht. Aussagen dazu lassen sich aber zum Beispiel in Studien zur Traumatisierung bei Kindern und Jugendlichen mit Fluchterfahrungen finden. So befragten Maria Gavranidou und Kolleginnen 55 Kinder und Jugendliche zwischen 11 und 17 Jahren, die seit zwei bis 16 Jahren in Deutschland lebten und in München in Gemeinschaftsunterkünften untergebracht waren, nicht nur zu Belastungen vor und während der Flucht, sondern auch zu ihrer Lebenssituation im Exil.

Genannte Belastungsfaktoren im Exil bei einer Befragung von 55 Kindern und Jugendlichen (Gavranidou et al. 2008, S. 226)

Wohnsituation	
Kein eigenes Zimmer	47
Gemeinsame sanitäre Anlagen	23
Gemeinsame Küchen	20
Teilen eines Zimmers mit den Eltern/Familie	9
Weitere gesellschaftliche Belastungen	
Erzwungene Arbeitslosigkeit der Eltern	26
Unsicherer Aufenthalt	20
Familiäre Belastungen	
Übersetzen für Eltern	43
Erledigen von amtlicher Post	19
Häufige Konflikte mit den Eltern	17
Vater keine Bezugsperson	35
Mutter keine Bezugsperson	33
Keine Unterstützung von den Eltern	8

3.2 Die Wohnsituation

Flüchtlinge haben zu Beginn ihres Aufenthalts nur bedingt die Möglichkeit, ihre Wohnsituation selbst zu gestalten. Zunächst werden Asylsuchende Erstaufnahmeeinrichtungen zugeteilt, von denen sie dann – nach spätestens sechs Monaten – in Kommunen weiterverteilt werden. Dort werden sie zum Großteil bundeslandabhängig in Gemeinschaftsunterkünften[3] untergebracht.

Wenn das Asylverfahren positiv abgeschlossen wurde und unter bestimmten länderspezifischen Bedingungen, dürfen die Betroffenen ausziehen – das stellt sich häufig aber als schwierig heraus. Zum einen erhalten die Betroffenen oft Sozialleistungen und benötigen dementsprechend eine günstige (Sozial-)Wohnung, zum anderen kann

3 *Eine einheitliche Definition von Gemeinschaftsunterkunft gibt es nicht, häufig werden darunter große Unterkünfte mit vielen Bewohnern verstanden. Hier sind damit alle Unterkünfte gemeint, in denen mehrere Menschen, die nicht zu einer Familie gehören, gemeinsam untergebracht werden und sich Gemeinschaftsräume teilen – unabhängig von der Größe der Unterkunft.*

die Dauer der Aufenthaltsgenehmigungen dazu führen, dass Vermieter nicht bereit sind, ihre Wohnungen für einen so kurzen Zeitraum zu vermieten. Schließlich kommt es aufgrund von Vorurteilen dazu, dass viele Vermieter lieber an Deutsche als an Ausländer vermieten. Während der Wohnungssuche dürfen Flüchtlinge meist weiterhin in ihrer vorherigen Unterbringung bleiben – Familiennachzug wird dort allerdings in der Regel nicht aufgenommen. So sind Flüchtlinge auch immer wieder von Obdachlosigkeit bedroht.

Von Obdachlosigkeit bedroht

Ein Vater holt nach seiner Asyl-Anerkennung seine Frau und die beiden Töchter nach. Da er bis zum Zeitpunkt der Ankunft seiner Familie keine Wohnung gefunden hatte, mieten sie sich in ein Zimmer in einer Pension ein. Dort lebt die Familie über ein Jahr, bis ihr gekündigt wird. Mit Unterstützung der lokalen Zeitung finden sie, kurz bevor sie ausziehen müssen, eine Wohnung.

Gestaltung der Gemeinschaftsunterkünfte

Gemeinschaftsunterkünfte können sehr unterschiedlich aussehen; sie befinden sich zentral in Orten oder auch abseits, sind für vergleichsweise wenige oder sehr viele Personen ausgelegt und ganz verschieden ausgestattet. Häufig handelt es sich um Einrichtungen, in denen etwa sechs Personen ein Zimmer bewohnen und relativ viele sich dann eine Küche, Gemeinschaftsräume und sanitäre Anlagen teilen. Familien werden in der Regel allein in einem Zimmer untergebracht. Wie viele Gemeinschaftsräume es gibt und wie diese genutzt werden (z. B. Fernsehzimmer, Unterrichtszimmer für Deutschunterricht, Spielzimmer für Kinder), ist ebenfalls sehr unterschiedlich.

Wie Flüchtlinge untergebracht werden

In K.-Stadt werden Flüchtlinge bis jetzt meist in Wohnungen oder kleineren Häusern untergebracht. So gibt es zum Beispiel ein Haus mit drei Zimmern (circa 15 bis 20 m^2), einem Bad (circa 12 m^2) und einer Küche (circa 15 m^2), in dem immer drei Familien leben: Jede Familie bekommt einen Raum, Bad und Küche werden geteilt.

Aufgrund des starken Zuzugs von Flüchtlingen mussten in vielen Orten Notunterkünfte eingerichtet werden, die noch weniger Privatsphäre und Rückzugsmöglichkeiten erlauben.

In K.-Stadt befindet sich auch eine Not-Erstaufnahme auf dem Gelände der ehemaligen Trabrennbahn. Dort sind in zwei großen Räumen (Festsaal und »Wettraum«) jeweils bis zu 150 Flüchtlinge untergebracht, darunter seit Bestehen auch zahlreiche Familien. Die Räume sind durch Bauzäune mit Planen in Sektoren eingeteilt, wobei jeden Sektor etwa 10 bis 20 Personen bewohnen. Für beide Räume gibt es jeweils Frauen- und Männertoiletten, die Männertoiletten des einen Schlafraums sind nur durch einen Sektor zugänglich. Ein Duschcontainer steht vor dem Haus. Die beiden »Schlaf«-Räume sind durch einen Zwischenraum getrennt, der den einzigen Aufenthaltsraum darstellt, in dem auch gegessen wird. Er bietet vermutlich Platz für maximal 200 Personen. Für die Kinder gibt es noch einen abgetrennten, ruhigen Bereich im ersten Stock, der nur gemeinsam mit Ehrenamtlichen betreten werden darf.

Qualität von Gemeinschaftsunterkünften

Bundesweit ist nur geregelt, dass die Vorgaben, die in § 45 SGB VIII aufgeführt sind und die Voraussetzung für eine Betriebserlaubnis für Einrichtungen, in denen Kinder »ganztägig oder für einen Teil des Tages betreut werden oder Unterkunft erhalten«, darstellen, für Erstaufnahmeeinrichtungen nicht gelten. Zudem macht § 53 AsylG die Unterbringung in Gemeinschaftsunterkünften zur Regel.

Sieben Bundesländer haben keinerlei Mindeststandards für Flüchtlingsunterkünfte festgesetzt, vier geben Empfehlungen, und nur fünf Bundesländer haben verbindliche Mindeststandards[4]. Auch in den verbindlichen Standards finden sich häufig Soll-Formulierungen. So wird zum Beispiel zur Mindestwohnfläche pro Person in allen neun

4 *Die Zahlen stammen aus Wendel (2014). Da sie hier nur bedingt eine Rolle spielen, wurde darauf verzichtet, ihre Aktualität zu überprüfen. Tendenziell kann festgestellt werden, dass Veränderungen in jüngerer Zeit normalerweise zu geringeren statt höheren Standards führen: So setzte zum Beispiel Bayern seine Leitlinien Anfang August 2015 aus.*

Standards eine Aussage getroffen, die aber nur in Baden-Württemberg und Thüringen als verbindlich gilt: In Thüringen sind sechs Quadratmeter pro Person vorgeschrieben, in Baden-Württemberg waren viereinhalb Quadratmeter vor dem 1. Januar 2016 festgesetzt, danach sollten es sieben Quadratmeter sein, wobei die Neuregelung aber inzwischen für zwei Jahre ausgesetzt wurde.

Es gibt also kaum klare Festlegungen zur Qualität von Unterkünften. Zudem kann davon ausgegangen werden, dass die Soll-Standards aufgrund von Überbelegungen und in Notunterkünften häufig nicht eingehalten werden können.

Neben der Gestaltung und Ausstattung der Gemeinschaftsunterkünfte ist häufig auch ihre Lage ein Problem: Teilweise befinden sie sich weit abseits, in Gegenden ohne soziale Infrastruktur, sodass schon Arztbesuche oder Ämtergänge ein Problem darstellen und Aktivitäten wie der Besuch von Schulfreunden, die Teilnahme an Angeboten der offenen Jugendarbeit oder die aktive Mitwirkung in Vereinen erschwert sind.

Die Lage der Unterkünfte ist oft ein Problem

Eine der ersten Flüchtlinge, die einen vielversprechenden Ein-Euro-Job in einem Altenheim eines Nachbarorts fand, war eine junge nigerianische Krankenschwester. Es stellt sich jedoch schnell heraus, dass die Busfahrt von der Unterkunft zum Heim mehr als ihren Tageslohn kostet. Das Altenheim, das sehr zufrieden mit ihrer Arbeit ist, bietet ihr daraufhin an, ein Zimmer im Heim zu stellen. Ein Umzug dorthin wird aber nicht genehmigt, sodass sie die Stelle aufgeben muss.

Auswirkungen auf die Kinder

Die Wohnsituation der Kinder und Jugendlichen mit Fluchterfahrung fasst Susanne Johannson (2014) folgendermaßen zusammen: »In Bezug auf die Situation von Kleinst- und Krabbelkindern werden von Praktikerinnen und Praktikern insbesondere der schlechte bauliche Zustand und die häufig ungenügenden hygienischen Verhältnisse in Gemeinschaftsunterkünften hervorgehoben, die zu Krankheitsanfälligkeit und frühen chronifizierten Krankheiten bei Kindern führen können. Beengte Räumlichkeiten bedingen in zahlreichen Fällen u. a., dass Minderjährige nicht kind- und jugendgerechte Situationen miterleben (Auseinandersetzungen und ggf. gewalttätige Übergriffe in der Familie, das Intimleben von Eltern oder alleinreisenden Elternteilen). Das Gleiche gilt für die Situation auf den Gängen und in den Unterkünften insgesamt, in denen aufgrund der häufigen sozialen Problematiken (Arbeits- und Beschäftigungslosigkeit, Marginalisierung und Segregation, unsichere Lebens- und Aufenthaltsperspektiven) häufig alkoholisierte und ggf. gewalttätige Auseinandersetzungen und/oder sexuelle Übergriffe stattfinden, vor denen Kinder und Jugendliche schlecht geschützt und abgeschirmt werden können und denen sie z.T. selbst zum Opfer fallen. Teilweise haben Kinder Angst, sich nachts in der Gemeinschaftsunterkunft zu bewegen [...]. Lärm und Ruhestörungen sowie ggf. Polizeirazzien und Abschiebungen verhindern in vielen Fällen, dass Schlaf, Spiel und Hausaufgaben in ruhiger, als sicher empfundener Atmosphäre stattfinden können. Auch außerschulische Kontakte zu Gleichaltrigen, die nicht in der Unterkunft untergebracht sind, gestalten sich aufgrund der dezentralen Lage und/oder Schamgefühlen oft schwierig.«

3.3 Unsicherer Aufenthaltsstatus

Während des Asylverfahrens wird den Betroffenen zunächst jeweils für einen Monat eine BÜMA ausgestellt, die so lange verlängert wird, bis der Antrag beim Bundesamt für Migration und Flüchtlinge (BAMF) gestellt werden kann. Ab dem Zeitpunkt der Antragsstellung erhalten die Betroffenen eine Aufenthaltsgestattung, die bis zum Ende des Verfahrens gilt. Je nach Ausgang des Verfahrens besteht danach im besten Fall ein Aufenthaltsrecht für drei Jahre, im schlechtesten Fall – in dem die Betroffenen dennoch in Deutschland bleiben – eine Duldung über wenige Wochen. Nach Ablauf der Aufenthaltserlaubnis bzw. der Duldung wird jeweils überprüft, ob die Gründe für ein Verbleiben in Deutschland weiterhin vorliegen. Frühestens nach fünf Jahren gibt es die Möglichkeit, unter bestimmten Bedingungen eine unbefristete Niederlassungserlaubnis zu bekommen, wobei Flüchtlinge diese Bedingungen nach fünf Jahren in der Regel noch nicht erfüllen. So gehören dazu zum Beispiel 60 Monate Einzahlung in die Rentenversicherung oder eine vergleichbare Vorsorge bei Selbstständigen.

Flüchtlinge leben also oft jahrelang in der Unsicherheit, ob sie wirklich in Deutschland bleiben können. Das belastet Familien stark. Nun könnte man davon ausgehen, dass die Kinder davon weniger betroffen sind als die Erwachsenen. Aber die Kinder sind ebenfalls involviert – gerade auch, weil zwei Aspekte sie zu aktiven Akteuren in Bezug auf die Aufenthaltserlaubnis machen: Zum einen werden Kinder als Übersetzer immer wieder mit einbezogen, zum anderen kann bei Jugendlichen der Grad der Integration (gemessen u. a. an Schulerfolgen) ein entscheidender Faktor für ein Bleiberecht sein. Kinder tragen so die Verantwortung für den Aufenthalt mit.

In einer Befragung von 51 Kindern und Jugendlichen von neun bis 19 Jahren mit unsicherem Aufenthaltsstatus gaben knapp 82 Prozent an, große Angst vor einer Abschiebung zu haben (Oelrich, o. J.). Auf die Frage, was sie sich wünschen würden, wenn sie drei Wünsche frei hätten, nannten 31 Prozent der Kinder den gesicherten Aufenthalt.

3.4 Familiäre Situation

Nachdem Flüchtlingsfamilien genauso unterschiedlich sind wie deutsche Familien, ist es schwierig, allgemeingültige Aussagen zu ihrer familiären Situation zu machen. Gesellschaftliche Gegebenheiten bedingen jedoch bestimmte Tendenzen, die relativ häufig in Flüchtlingsfamilien zu beobachten sind und im Folgenden beschrieben werden:

Situation der Eltern

Viele Flüchtlinge wünschen sich nach der Ankunft, möglichst schnell Deutsch zu lernen und eine Arbeit zu finden. Einen (teilweise beschränkten) Zugang zu Arbeit und Ausbildung gibt es zwar relativ bald (siehe Kapitel 1.4), zeitlich begrenzte Aufenthaltsgenehmigungen bzw. ein unsicherer Aufenthaltsstatus, schlechte Deutschkenntnisse, nicht-anerkannte Abschlüsse und Berufsausbildungen führen aber häufig dazu, dass mittelfristig keine Arbeits- oder Ausbildungsstelle gefunden wird. Integrationskurse werden in der Regel erst nach Abschluss des Asylverfahrens gewährt – und auch da nicht allen (siehe Kapitel 1.6), sodass die Betroffenen häufig relativ lange warten müssen, bis ihre anfänglichen Wünsche erfüllt werden.

In Kombination mit der Wohnsituation führt diese Situation dazu, dass Eltern sich häufig als von der Gesellschaft isoliert und nicht selbstwirksam wahrnehmen. Die Ohnmacht, die sie zum Teil schon auf der Flucht erlebt haben, setzt sich nun im Exil fort.

Situation der Kinder

Im Gegensatz zu den Eltern bekommen die Kinder über den Besuch von Kindertageseinrichtungen und Schulen meist sehr viel schneller Kontakt zu Deutschen, der deutschen Sprache und Kultur. Sie sind einen Teil des Tages von deutschsprachigen Menschen umgeben und lernen so die Sitten und Gepflogenheiten der Umgebung kennen. Daher finden sich Kinder mit Fluchterfahrung häufig schneller in Deutschland zurecht als ihre Eltern und werden für diese oft zu wichtigen Sprach- und Kulturmittlern.

Auswirkungen auf die Familie

Die beschriebene Situation kann zu einer sogenannten Parentifizierung der Kinder führen: Wenn Eltern ihre Funktion nicht mehr ausfüllen können, müssen die Kinder – zum Beispiel als Übersetzer – Verantwortung übernehmen, was eigentlich Aufgabe der Erwachsenen wäre. So kann es zu einer Rollenumkehr kommen, in der die Kinder immer mehr die Aufgaben der Eltern übernehmen. Das hat positive und negative Seiten für die Kinder, wobei die negativen bei längerer Dauer des Zustandes überwiegen: Einerseits erleben die Kinder sich dabei als selbstwirksam und werden häufig gegenüber Gleichaltrigen aufgewertet, andererseits sind sie mit der übernommenen Verantwortung in der Regel überfordert und werden in ihrer Persönlichkeitsentwicklung gehemmt.

3.5 Folgen für die Kita

Die Bedürfnisse der Kinder verstehen und berücksichtigen

Insgesamt kann also davon ausgegangen werden, dass Kinder mit Fluchterfahrungen eher in belastenden Verhältnissen aufwachsen. Allerdings ist die Situation von Familie zu Familie unterschiedlich, sodass es sinnvoll ist, bei Aufnahmegesprächen genauer nach der jeweiligen Lebenssituation – insbesondere der Wohnsituation – zu fragen: Wie sind die Familien untergebracht? Hat das Kind die Möglichkeit, in Ruhe zu spielen und zu lernen? Was belastet, was stärkt die Kinder und Familien in der momentanen Wohnsituation? Welche soziale Infrastruktur ist gegeben? Welche Aufgaben übernehmen die Kinder innerhalb der Familie?

Ideal wäre natürlich ein Hausbesuch bei den Familien, der aber die zeitlichen Ressourcen vieler Kitas übersteigt. Ausschlaggebend ist dabei natürlich, ob Eltern und Kinder diesen Besuch auch wollen.

Aufgrund vielfältiger Informationen über die Lebenssituation der Familien können die Verhaltensweisen der Kinder besser interpretiert werden und bekommen manchmal eine ganz andere Bedeutung: Spielt zum Beispiel ein Kind gerne alleine in Ruhe für sich und reagiert aggressiv, wenn andere Kinder dazukommen, könnte das nicht auf mangelnde soziale Kompetenzen sondern auf das Bedürfnis zurückzuführen sein, sich endlich einmal zurückziehen zu können und für sich selbst zu sein.

Hintergrundinformationen helfen zu verstehen

Das erste Kind mit Fluchterfahrungen, das die Krippe in H.-Stadt besucht, ist ein in Deutschland geborener Junge. Er lebt seit Geburt in einer Wohngemeinschaft zusammen mit seiner Mutter und drei jungen Männern. Die Unterkunft besteht aus einer großen Wohnküche, einem Bad und einem verwinkelten Schlafraum, in dem die Schlafplätze durch Vorhänge abgetrennt sind.

Die Eingewöhnung verläuft problemlos, bis der Junge auch in der Kita schlafen soll. Die Gruppenerzieherin weiß um die Wohnsituation und vermutet als Ursache für das Einschlafproblem, dass es im Schlafraum der Krippe dunkel und ruhig ist – eine Situation, die es im Alltag des Jungen nicht gibt. Die Erzieherin legt ihn deswegen probehalber im Gruppenraum schlafen, wo sie sich mit zwei weiteren Kindern aufhält. Dort schläft der Junge dann problemlos ein.

Auf Angebote aufmerksam machen

Unterstützend für die Familien kann es sein, ihnen Informationen über die soziale Infrastruktur der Umgebung zu geben und so Möglichkeiten aufzuzeigen, wo und wie Bedürfnisse, die in der Unterkunft und gegebenenfalls auch in der Kita zu kurz kommen, gelebt werden können. In der Regel reicht es dabei aber nicht aus mitzuteilen, dass es zum Beispiel einen Fußballverein, eine Bücherei oder einen Jugendtreff gibt, sondern es muss auch Wissen darüber vermittelt werden, welche Funktionen die Angebote erfüllen und welche »Nutzungsregelungen« bestehen.

Wer noch nie eine Bücherei besucht hat, kann nicht wissen, dass man dorthin keine Jacken und Taschen mitnehmen darf. Man muss leise sein. Die Bücher kann man vor Ort lesen oder einfach die Ruhe in der Bücherei genießen. Medien können aber auch zu festgelegten Bedingungen (Büchereiausweis, bestimmte Menge, bestimmte Zeit) kostenfrei entliehen werden.

Dieses Hintergrundwissen lässt sich am wirksamsten – aber auch zeitintensivsten – über gemeinsame Besuche der jeweiligen Einrichtungen oder Vereine vermitteln, die im Idealfall nicht nur die Kinder, sondern auch die Eltern mit einladen. Andere Möglichkeiten der Information stellen zum Beispiel (mehrsprachige) Flyer oder Elternabende zum Thema dar.

Die Stadtjugendpflege organisiert regelmäßig Workshops in der örtlichen Skatehalle. Nachdem ein Begegnungsworkshop stattfand, zu der explizit Kinder mit Fluchterfahrungen eingeladen waren, organisieren die Ehrenamtlichen die Teilnahme von 13 Kindern aus der Notunterkunft. Die Kinder sind begeistert und erzählen ihre Erlebnisse beim Skaten den anderen Kindern weiter. Seitdem wird die Skatehalle regelmäßig von den Kindern aus der Notunterkunft genutzt.

Gegen Parentifizierung arbeiten

Um die Verantwortungsübernahme der Kinder gegenüber ihren Eltern nicht zu verstärken, sollte darauf geachtet werden, dass die Kinder der Kita (auch ältere Geschwister) nicht als Übersetzer genutzt werden, auch dann nicht, wenn sich die Kommunikation mit den Eltern sehr schwierig gestaltet. Immer wieder ist auch zu beobachten, dass sich Kinder für ihre Geschwister äußerst verantwortlich fühlen. Wenn diese ebenfalls die Einrichtung besuchen, sollte darauf geachtet werden, dass die Geschwister immer wieder voneinander getrennt werden und im Idealfall nicht in einer Gruppe sind. Ebenfalls zu beachten: Betroffene Kinder können dazu tendieren, in Gruppenkontexten eher Erwachsenenrollen zu übernehmen und unterstützen dadurch zum Teil auch die pädagogischen Fachkräfte.

Im Rollenkonflikt

An der Sprachfördergruppe nehmen fünf syrische Jungen teil – vier von ihnen sind im Grundschulalter, der fünfte ist bereits elf Jahre alt. Bei gemeinsamen Aktionen stellt sich schnell heraus, dass sich der Elfjährige in einem Rollenkonflikt befindet: Einerseits versucht er die Fachkraft als »Ko-Pädagoge« zu unterstützen und sucht dafür Bestätigung, andererseits wird immer wieder sein Bedürfnis sichtbar, einfach Kind unter Kindern zu sein und seine Meinung genauso lautstark wie die anderen zu vertreten.

Die Tendenz, in der Gruppe eher eine Erwachsenenrolle zu übernehmen, sollte einerseits nicht zu stark positiv verstärkt, andererseits aber natürlich auch nicht abgewertet werden. Wichtig ist, dass die Kinder ein gesundes Selbstbild und Selbstwertgefühl aufbauen können und erleben, dass sie nicht vor allem wegen ihrer Verantwortungsübernahme geschätzt werden.

4.
Gesundheitszustand und Infektionsgefahr

In diesem Kapitel erfahren Sie

- dass bei Flüchtlingen auftretende Krankheiten zumeist auch in Deutschland weit verbreitet sind
- welcher Impfschutz für pädagogische Fachkräfte und Ehrenamtliche anzuraten ist
- wie der rechtliche Status auch Einfluss auf die medizinische Versorgung hat
- wie die Kita Familien mit Fluchterfahrung über die Leistungen unseres Gesundheitssystems informieren kann

Bei vielen Menschen herrscht Unsicherheit: Haben Flüchtlinge Krankheiten, die es in Deutschland nicht (mehr) gibt, und die über sie verbreitet werden? Wie hoch ist die Gefahr einer Ansteckung? Und wie kann man sich und die Kinder in der Kita dagegen schützen?

Grundsätzlich könnten diese Fragen genauso in Zusammenhang mit ausländischen Touristen, Geschäftsleuten aus dem Ausland oder Arbeitsmigranten gestellt werden, ebenso in Bezug auf Bewohner Deutschlands, die sich eine Weile im Ausland aufgehalten haben: Alle diese Personen könnten für Deutschland untypische ansteckende Krankheiten mitbringen.

Vermutlich ist die Angst in Bezug auf Flüchtlinge stärker, weil – zum Teil zurecht – davon ausgegangen wird, dass diese sowohl im Herkunftsland als auch auf der Flucht häufig nur geringen Zugang zu medizinischer Versorgung hatten und zudem – zumindest während der Flucht – unter wenig gesundheitsförderlichen Umständen gelebt haben.

4.1 Gesundheitscheck bei der Ankunft

Paragraf 62 des Asylgesetzes (AsylG) legt fest, dass Personen, die in einer Erstaufnahmeeinrichtung wohnen, »eine ärztliche Untersuchung auf übertragbare Krankheiten einschließlich einer Röntgenaufnahme der Atmungsorgane … dulden« müssen. Ziel der Untersuchung ist es, vor allem infektiöse Krankheiten auszuschließen, die sich in Gemeinschaftsunterkünften und in der Bevölkerung ausbreiten könnten. Was dabei genau untersucht wird, ist – bis auf die Überprüfung, ob eine Tuberkulose vorliegt – Ländersache, wobei die Länder wiederum ziemlich unterschiedliche Vorgaben haben.

4.2 Auftretende Krankheiten

Das Robert-Koch-Institut (RKI), das Daten zu Infektionskrankheiten bei Asylsuchenden sammelt, stellt fest, dass zwar vereinzelt Fälle von in Deutschland ungewöhnlichen ansteckenden Krankheiten wie Malaria oder Typhus auftreten, aber eine Ausbreitung sehr unwahrscheinlich ist. Relativ häufig leiden Flüchtlinge unter Durchfall- und Atemwegserkrankungen sowie parasitären Erkrankungen wie Krätze oder Kleiderläusen, was auf die hygienischen Bedingungen auf der Flucht zurückzuführen ist.

Das Robert-Koch-Institut berichtet weiter: »RKI-Analysen der Meldedaten von Infektionsgeschehen der letzten Jahre in Unterkünften von Asylsuchenden deuten darauf hin, dass sich die Erkrankten in den meisten Fällen in Deutschland angesteckt haben. Das heißt, die Asylsuchenden sind eher eine gefährdete Gruppe als eine Gruppe, von der für andere eine Gefahr ausgeht« (RKI 2016a). Zurückzuführen ist dies zum einen auf einen meist ungenügenden Impfschutz, zum anderen auf die kräftezehrende Flucht.

4.3 Meldepflichtige Infektionskrankheiten

Im Bericht des Robert-Koch-Instituts zu meldepflichtigen Krankheiten bei Asylsuchenden für die 40. bis 53. Kalenderwoche 2015 wurden Fälle von 28 verschiedenen Krankheiten gemeldet. Die zehn häufigsten Krankheiten waren: Windpocken (29,1% der Erkrankten), Tuberkulose (16,2%), Hepatitis B (11,1%), Durchfall durch Rotaviren und Noroviren (11,0 bzw. 9,4%), Influenza (7,2%), Hepatitis A und C (4,5 bzw. 3,6%), Giardiasis (2,2%) und Shigellose (1,0%). Auf die restlichen 18 Krankheiten verteilten sich knapp fünf Prozent der Erkrankten (RKI 06.01.2016). Ähnliche Verteilungen zeigten sich auch in den Wochen davor.

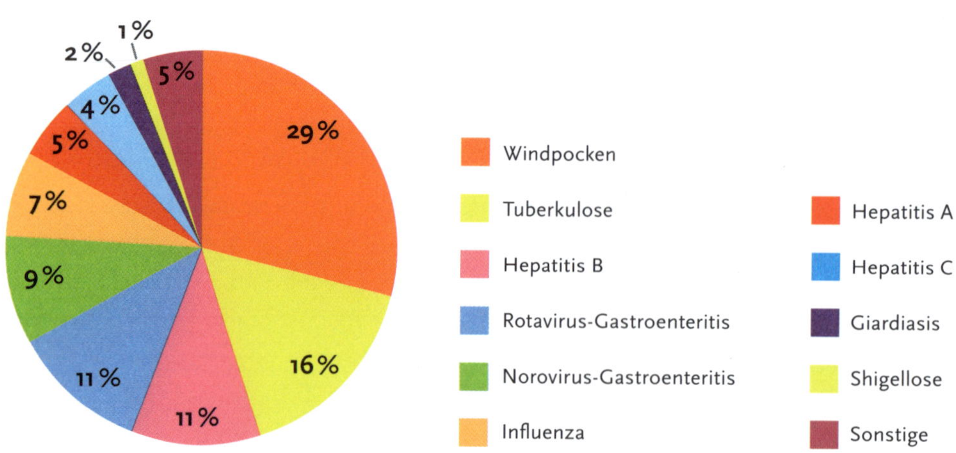

Die zehn häufigsten gemeldeten Krankheiten kommen alle weltweit vor; Windpocken, Influenza sowie Magen-Darm-Erkrankungen durch Rota- und Noroviren sind auch in Deutschland weit verbreitet. Auch die restlichen gemeldeten Krankheiten treten in Deutschland auf, zum Teil vor einigen Jahrzehnten noch relativ häufig, inzwischen aber vergleichsweise selten.

Tuberkulose (Tbc)

Tuberkulose ist eine bakterielle Infektionskrankheit, die meist die Lungen befällt und ohne Behandlung zum Tod führen kann. Es wird zwischen offener (hochansteckender) und geschlossener (Ansteckung sehr unwahrscheinlich) Tuberkulose unterschieden. Etwa ein Drittel der Weltbevölkerung ist infiziert, davon erkranken allerdings die wenigsten. Gefährdet sind insbesondere Menschen mit geschwächtem Immunsystem.

Um Tbc-Fälle möglichst schnell zu identifizieren, ist für die Erstuntersuchung bundesweit eine Röntgenuntersuchung der Lunge vorgeschrieben.

Hepatitis A, B und C

Bei Hepatitis handelt es sich um eine Entzündung der Leber. Die Formen A, B, und C bezeichnen dabei verschiedene Viren, die die Krankheit hervorrufen.

Hepatitis A kommt am häufigsten in Ländern mit schlechten hygienischen Standards vor. Die Übertragung erfolgt über Kot und Urin. Hepatitis A ist vergleichsweise harmlos. Sie wird nicht chronisch und führt daher nicht zu dauerhaften Schädigungen. Bei Kindern verläuft die Erkrankung oft völlig symptomlos. Eine Impfung ist möglich.

Hepatitis B ist eine der häufigsten Virusinfektionen weltweit. Etwa ein Drittel der Weltbevölkerung (circa 7% der Deutschen) hat Antikörper gegen Hepatitis B und war schon einmal damit infiziert. Die Übertragung erfolgt über Blut und andere Körperflüssigkeiten. Fünf bis zehn Prozent der Erkrankungen werden chronisch, das heißt, sie bestehen nach sechs Monaten weiter. Rund ein Prozent der Betroffenen stirbt an der Infektion. Eine Impfung ist möglich.

Hepatitis C wird über Blut und andere Körperflüssigkeiten übertragen. Rund 75 Prozent der Betroffenen zeigen keine oder sehr unspezifische, grippeähnliche Symptome; in den restlichen Fällen verläuft die Krankheit akut sehr mild. Allerdings bilden circa 85 Prozent der Betroffenen eine chronische Hepatitis C aus. Ohne Behandlung entwickelt rund ein Viertel der Betroffenen mit chronischer Hepatitis C nach etwa 20 Jahren eine Leberzirrhose. Eine Impfung ist nicht möglich.

Giardiasis und Shigellose

Bei Giardiasis und Shigellose handelt es sich um Verursacher von Magen-Darm-Erkrankungen. Bei Giardiasis sind es Parasiten (Geißeltierchen), bei Shigellose Bakterien. Die Übertragung findet bei Giardiasis über Kot (eventuell auch befallener Tiere), bei Shigellose über Kot und Urin statt.

4.4 Weitere ansteckende Krankheiten

In der öffentlichen Diskussion über den Gesundheitszustand von Flüchtlingen werden zudem immer wieder weitere Krankheiten genannt, die hier kurz angesprochen werden sollen:

HIV-Infektionen

HIV-Infektionen kommen im Bericht des Robert-Koch-Instituts nicht vor. Die Ansteckung mit HIV ist zwar meldepflichtig, jedoch anonym, sodass es hier keine Angaben dazu gibt, ob es sich bei den Erkrankten um Asylsuchende handelt oder nicht. Bei den meisten im Jahr 2014 gemeldeten HIV-Infektionen wurden allerdings die Herkunftsregionen erfasst (Robert-Koch-Institut 2015c): Insgesamt wurde im Jahr 2014 bei 3.525 Personen HIV neu diagnostiziert, das entspricht 237 Neuerkrankungen (7%) mehr als im Vorjahr. Teilweise ist dieser Anstieg auf die verbesserte Datenlage zurückzuführen, teilweise liegt er aber auch an einem Anstieg von Personen mit Migrationshintergrund bei den Infizierten.

Grundsätzlich ist aber nicht davon auszugehen, dass eine große Zahl der Flüchtlinge mit HIV infiziert ist. In Bayern wurde im Jahr 2014 ein HIV-Test bei der Erstuntersuchung verbindlich vorgeschrieben. Insgesamt waren in diesem Jahr 25.667 Asylsuchende neu untergebracht (www.zukunftsministerium.bayern.de/imperia/md/images/stmas/stmas_internet/migration/1601_zugang-bund-laender.jpeg) und 134 HIV-Erstdiagnosen von heterosexuellen Personen mit Migrationshintergrund[5] gemeldet worden.

5 *Insgesamt wurden vier Gruppen unterschieden: Homosexuelle, Drogennutzer, Kinder, die bei oder vor der Geburt angesteckt wurden, und Heterosexuelle. Nur bei den Heterosexuellen wurde nach Herkunftsland differenziert, weil dort eine hohe Zahl von Fällen bei Personen nicht-deutscher Herkunft auftrat. Gesamt wurden 2014 in Bayern 596 Erstdiagnosen gemeldet.*

Parasitäre Erkrankungen

In den Medien wird immer wieder über Kleiderläuse, Krätze oder Würmer in Gemeinschaftsunterkünften berichtet. Im Allgemeinen handelt es sich dabei um lästige, aber nicht weiter gefährliche Krankheiten, die häufig da auftreten, wo viele Menschen eng zusammenkommen. Zudem erschweren die Unterbringungsbedingungen die Behandlung: Wenn nur wenige Waschmaschinen zur Verfügung stehen, ist es zum Beispiel fast unmöglich, seine Wäsche vollständig auszukochen, um Parasiten abzutöten. Für diese Krankheiten besteht zwar keine (namentliche) Meldepflicht nach den Paragrafen 6 und 7 des Infektionsschutzgesetzes (IfSG), dafür aber eine Meldepflicht für Gemeinschaftseinrichtungen wie Kitas und Schulen (§ 34 IfSG).

4.5 Schutz vor Ansteckung

Helfern und Helferinnen, die in engem Kontakt mit den Flüchtlingen sind, wird vom Robert-Koch-Institut angeraten, ihren Impfschutz zu überprüfen, da für sie eine leicht erhöhte Ansteckungsgefahr besteht. Neben den Impfungen, die die ständige Impfkommission (STIKO) allen Menschen empfiehlt (Tetanus, Diphtherie, Kinderlähmung, Keuchhusten, unter bestimmten Bedingungen Masern, Mumps, Röteln und Influenza), werden zusätzlich folgende Impfungen nahegelegt: Impfung gegen Hepatitis A und Hepatitis B, eine Auffrischungsimpfung gegen Polio, falls die letzte Impfung schon mehr als zehn Jahre zurückliegt, und in der Grippesaison grundsätzlich eine Impfung gegen Influenza.

4.6 Gesundheitszustand der Kinder bei Ankunft

Leider gibt es sehr wenige konkrete Aussagen dazu, in welchem gesundheitlichen Zustand Kinder mit Fluchterfahrungen in Deutschland ankommen. In München wurden für eine Studie rund 100 syrische Kinder und Jugendliche in Erstaufnahmeeinrichtungen gründlich untersucht. Die Studie selbst ist noch nicht veröffentlicht worden, in einer kurzen Zusammenfassung finden sich bereits folgende Ergebnisse: 63 Prozent der Kinder und Jugendlichen wiesen Karies auf, 25 Prozent Erkrankungen der Atemwege. Von infektiösen und parasitären Erkrankungen waren 11 Prozent der Kinder und Jugendlichen betroffen. 42 Prozent wiesen keine bzw. nicht alle Impfungen auf, die in Deutschland empfohlen werden. Insgesamt konnte bei 82 Prozent der Kinder und Jugendlichen eine physische Krankheit festgestellt werden, 10 Prozent der Kinder mussten akut behandelt werden (Mall 2015).

Hier zeigt sich also, dass die Kinder bei ihrer Ankunft zwar in keinem besonders guten gesundheitlichen Zustand sind, es sich aber nur in 11 Prozent der Fälle um Krankheiten handelt, bei denen eine Ansteckungsgefahr besteht, und in 10 Prozent der Fälle um Erkrankungen, die sofort behandelt werden mussten.

4.7 Gesundheit von Kindern mit Migrationshintergrund

Da kaum Daten zur gesundheitlichen Situation von Kindern mit Fluchterfahrungen vorliegen, wird hier auf Untersuchungen zu Kindern mit Migrationshintergrund eingegangen. Zu diesem Thema gibt es eine Anzahl von Studien, die aber zum Teil zu unterschiedlichen, sich sogar widersprechenden Ergebnissen kommen. Es lässt sich vermuten, dass »die Migranten« eine zu heterogene Gruppe sind und so – je nachdem, welche Personen genau untersucht werden (Herkunft, sozioökonomischer Status, Länge des Aufenthalts in Deutschland etc.) – auch unterschiedliche Ergebnisse gefunden werden.

Gesundheitszustand

Grundsätzlich besteht die Tendenz, dass sich der Gesundheitszustand mit der Dauer des Aufenthalts in Deutschland denen von Kindern ohne Migrationshintergrund annähert. Das kann auf mehrere Ursachen zurückzuführen sein: Zum einen könnten die Familien aus ihren Herkunftsländern Krankheitsgeschichten und Verhaltensweisen mitbringen, die sich in Deutschland weiter auswirken (so könnte die geringere Anzahl an Allergien sich durch mehr Infektionen in der Kindheit erklären lassen). Oder aber sie haben andere Vorstellungen davon, wann jemand »krank« ist und zum Arzt muss (die geringere Anzahl von Kindern mit Allergien wäre dann darauf zurückzuführen, dass die Allergien nicht als behandelbare Krankheit wahrgenommen werden). Und schließlich könnte die Hemmschwelle, zum Arzt zu gehen, bei Personen, die noch nicht lange in Deutschland sind, höher sein als bei denjenigen, die schon länger in Deutschland leben.

Laut Robert-Koch-Institut unterscheidet sich der Gesundheitszustand von Kindern mit und ohne Migrationshintergrund nicht stark, einige Unterschiede lassen sich aber finden: So gibt es gerade bei schon lange in Deutschland lebenden Familien eine stärkere Tendenz zu Adipositas bei Kindern und Jugendlichen. Dies ist vermutlich darauf zurückzuführen, dass zum einen ungesunde Ernährungsgewohnheiten des Herkunftslandes mit ebensolchen aus Deutschland kombiniert werden; zudem treiben Migranten statistisch gesehen weniger Sport als Deutsche.

Inanspruchnahme von Gesundheitsleistungen

Angebote zur Vorsorge werden von Menschen mit Migrationshintergrund tendenziell weniger in Anspruch genommen; bei Kindern bezieht sich das unter anderem auf die U-Untersuchungen sowie die Zahnvorsorge. Je länger die Eltern aber in Deutschland leben, desto mehr werden solche Leistungen auch genutzt. Ähnliches gilt für Schutzimpfungen. Kinder, deren Eltern bereits länger als zehn Jahre in Deutschland sind, haben im Allgemeinen den gleichen Impfschutz wie deutsche Kinder. Von Familien, die eine kürzere Aufenthaltsdauer haben und/oder als schlecht integriert gelten, werden Impfungen hingegen weniger in Anspruch genommen. Diese Ergebnisse lassen vermuten, dass bei Familien, die noch nicht lange in Deutschland leben, entweder ein Informationsdefizit in Bezug auf Gesundheitsleistungen vorliegt oder aber andere Hürden bestehen, die dazu führen, dass die Betroffenen die Leistungen nicht in Anspruch nehmen (Knipper & Bilgin 2009).

4.8 Folgen für die Kita

Infektionsgefahr

Grundsätzlich ist nicht davon auszugehen, dass die Familien mit Fluchterfahrungen Krankheiten in der Kita verbreiten, die in Deutschland selten vorkommen: Diese Krankheiten dürften meist schon in der Erstaufnahme erkannt und behandelt worden sein. Zudem reichen die Hygienestandards, die in Kitas herrschen, vollkommen aus, um vor Infektionen, die häufiger auftreten, zu schützen. Möchte man sich noch weiter absichern, so sind ein Impfschutz gegen Hepatitis A und B sowie eine Auffrischung der Polio-Impfung neben den üblichen Impfungen sinnvoll.

Gesundheitszustand und -versorgung der Kinder

Manche gesundheitlichen Probleme der Kinder mit Fluchterfahrung können pädagogische Fachkräfte besser einordnen, wenn sie sie rechtlichen Gegebenheiten (vgl. Kapitel 1.5) mit bedenken: Da bei Asylsuchenden und Geduldeten nur eine Behandlung akuter Erkrankungen vorgesehen ist, wird zum Beispiel Karies nicht sofort behandelt, wenn er festzustellen ist, sondern erst dann, wenn Schmerzen eine Behandlung unumgänglich machen.

U-Untersuchungen werden bei Asylsuchenden und Geduldeten in der Regel zwar bezahlt. Es stellt sich aber die Frage, was passiert, wenn dabei Auffälligkeiten festgestellt werden: Wird zum Beispiel eine Entwicklungsverzögerung diagnostiziert, so werden die Kosten für eine Therapie vermutlich dennoch nicht übernommen. Auch Brillen, Hörgeräte und andere Heilmittel werden im Normalfall nicht bezahlt.

Länger bestehender Befall mit Krätze oder Kleiderläusen ist nicht automatisch auf unhygienische Verhältnisse innerhalb der Familie zurückzuführen, sondern eher auf die Gegebenheiten in Gemeinschaftsunterkünften, die eine Bekämpfung häufig erschweren.

Nutzung der Gesundheitsversorgung

Erst wenn Flüchtlinge eine reguläre Aufenthaltserlaubnis haben oder mindestens 15 Monate in Deutschland leben, erhalten sie die gleiche Gesundheitsversorgung wie Deutsche. Da die Familien häufig aus Ländern kommen, in denen das Gesundheitssystem völlig anders aufgebaut ist, ist nicht davon auszugehen, dass Vorsorgeuntersuchungen etc. auch sofort genutzt werden. Neben Unwissen können auch sprachliche und kulturelle Hürden dazu führen, dass bestimmte Leistungen nicht in Anspruch genommen werden.

Hier können pädagogische Fachkräfte die Familien unterstützen, indem sie sie auf die Leistungen des deutschen Gesundheitssystems aufmerksam machen. Hilfreich sind dabei zum Beispiel mehrsprachige Broschüren und Flyer zum Thema, die kostenlos im Internet heruntergeladen werden können (siehe Seite 53); aber auch Aktionen wie ein Zahnarztbesuch der Kita, an dem die Kinder und gegebenenfalls auch die Eltern teilnehmen, verschafft den Familien wertvolle Informationen.

Mehrsprachige Informationen zum Gesundheitssystem und zu Vorsorgeleistungen

Eine Broschüre mit grundlegenden Informationen für neuankommende Flüchtlinge in Deutschland stellt das Bundesministerium für Gesundheit zur Verfügung. Sie ist in Deutsch, Englisch, Paschtu, Arabisch und Kurmanci erhältlich:

- Bundesministerium für Gesundheit (2015): **Ratgeber Gesundheit für Asylsuchende in Deutschland.** www.bmg.bund.de/ministerium/meldungen/2016/160115-ratgeber-gesundheit-fuer-asylsuchende-in-deutschland-veroeffentlicht.html.

Die Bundeszentrale für gesundheitliche Aufklärung (BZgA) bietet eine Vielzahl an Informationen auf ihrer Homepage unter www.kindergesundheit-info.de/infomaterial-service/infomaterial/broschueren-infomaterial/. Darunter befinden sich folgende Publikationen:

- **KURZ. KNAPP.** Elterninfo. Sammelmappe mit Materialien für Eltern von Babys und Kleinkindern. Erhältlich auf Deutsch, Türkisch, Russisch, Arabisch und Englisch.
- **10 Chancen für Ihr Kind – Faltblatt.** Informationen zu den Früherkennungsuntersuchungen im Kindesalter U1 bis U9. Erhältlich auf Deutsch, Türkisch, Russisch, Arabisch und Englisch.
- **Impfen – Schutz für Ihr Kind vor Infektionskrankheiten.** Informationen zu den Impfungen im Kindes- und Jugendalter. Erhältlich auf Deutsch, Türkisch, Russisch, Arabisch und Englisch.
- **Faltblatt zur Impfung gegen Masern, Mumps und Röteln.** Informationen zur Impfung gegen Masern, Mumps und Röteln im Kindes- und Jugendalter und für junge Erwachsene. Erhältlich auf Deutsch, Türkisch, Russisch, Französisch, Arabisch, Englisch, Polnisch, Bulgarisch, Rumänisch, Vietnamesisch und Chinesisch.
- **Ganz einfach gesund bleiben: Tipps für das Hygieneverhalten.** Informationen zum Hygieneverhalten für Eltern. Erhältlich auf Deutsch, Türkisch, Russisch, Arabisch und Englisch.
- **Kopfläuse ... was tun?** Informationen zur Übertragung und Bekämpfung von Kopfläusen. Erhältlich auf Deutsch, Türkisch, Russisch, Arabisch und Englisch.

5. Traumatisierung und ihre Folgen

In diesem Kapitel erfahren Sie

- Grundlegendes zu Traumatisierungen und Folgestörungen bei Kindern mit Fluchterfahrungen
- was unter Traumapädagogik zu verstehen ist und welche Arbeitshilfen sie bietet
- dass sich viele traumapädagogische Grundsätze direkt oder indirekt in den Bildungsplänen und -leitlinien wiederfinden
- wo Kitas Beratung und Fortbildung zum Thema »Trauma« finden können

Auch die psychische Gesundheit der Kinder mit Fluchterfahrung beschäftigt die pädagogischen Fachkräfte: Wie viele der Kinder sind traumatisiert? Woran ist das zu erkennen? Wie kann man damit in der Kita umgehen? Und wohin kann man sich um Hilfe wenden?

Eines ist klar: Pädagogische Fachkräfte sind keine Expertinnen und Experten für Trauma. Sie sind nicht dafür zuständig, Traumafolgestörungen zu diagnostizieren oder zu therapieren. Andererseits haben Erzieherinnen und Erzieher manchmal mit traumatisierten Kindern zu tun und sollten daher sensibel für die Anzeichen von Traumafolgestörungen sein und eine Vorstellung davon haben, welche Unterstützungsmöglichkeiten es gibt.

So wird in diesem Kapitel zwar ein Überblick über Traumatisierungen, Folgestörungen und basale Grundlagen der Traumapädagogik gegeben; es folgen aber keine konkreten Angaben, wie mit Kindern mit Traumafolgestörungen umgegangen werden soll. Interessierten sei empfohlen, sich in Bezug auf Fortbildungen und Beratung an die sozialpsychiatrischen Zentren (siehe Kapitel 5.5) oder an eines der in der Bundesarbeitsgemeinschaft Traumapädagogik zusammengeschlossenen Institute (www.bag-traumapaedagogik.de/index.php/institute.html) zu wenden.

5.1 Traumafolgestörungen

Die Weltgesundheitsorganisation (WHO) gibt die Internationale statistische Klassifikation der Krankheiten und verwandter Gesundheitsprobleme (ICD) heraus, die von Ärzten weltweit genutzt wird, um Krankheiten zu diagnostizieren. In der augenblicklich geltenden Version, der ICD-10, findet sich unter »Kapitel V. Psychische und Verhaltensstörungen« die Diagnose »F43.- Reaktionen auf schwere Belastungen und Anpassungsstörungen«. Die dort genannten Störungen sind grundsätzlich auf traumatische Erlebnisse zurückzuführen. Dazu gehören die akute Belastungsstörung (eine Störung, die direkt nach dem Ereignis auftritt und innerhalb kurzer Zeit wieder abklingt), die Posttraumatische Belastungsstörung (PTBS) sowie Anpassungsstörungen. Daneben gibt es weitere Störungen, die auf Traumata zurückzuführen sind, aber auch andere Ursachen haben können, wie zum Beispiel Angststörungen, auf die im Folgenden nicht näher eingegangen werden kann.

Traumafolgestörungen bei Kindern mit Fluchterfahrungen

Zu Traumafolgestörungen bei Kindern mit Fluchterfahrungen gibt es einige Untersuchungen, die jedoch teilweise zu sehr unterschiedlichen Ergebnissen kommen. Das liegt vermutlich zum einen daran, dass unterschiedliche Kriterien zur Feststellung psychischer Störungen herangezogen bzw. nur bestimmte Störungen einbezogen wurden. Zum anderen beziehen sich die Studien teilweise auf bestimmte Kindergruppen – zum Beispiel auf Bürgerkriegsflüchtlinge aus dem Balkan –, die je nach Situation im Herkunftsland unterschiedlich viele und gravierende, potenziell traumatisierende Erlebnisse hinter sich haben.

Martina Ruf, Maggie Schauer und Thomas Elbert (2010) versuchten, psychische Störungen bei Kindern und Jugendlichen mit Fluchterfahrungen systematisch zu erfassen, indem sie 101 Kinder im Alter von 7 bis 16 Jahren untersucht haben, die mit ihren Familien in baden-württembergischen Gemeinschaftsunterkünften lebten. 78 Prozent der Kinder hatten mindestens ein traumatisches Ereignis erlebt. 20 Prozent wiesen eine Posttraumatische Belastungsstörung (PTBS) auf – im Vergleich zu 1,2 Prozent der Kinder aus der inländischen Bevölkerung. Auch andere psychische Störungen waren zu beobachten, wobei sich hier in der Häufigkeit keine Unterschiede im Vergleich zu Kindern ohne Fluchterfahrungen zeigten. Auf ähnliche Zahlen kommen Maria Gravranidou und Kolleginnen (2008): In dieser Studie berichteten 60 Prozent der Kinder von mindestens einem traumatischen Erlebnis, und 16 Prozent der Kinder zeigten deutliche Symptome einer PTBS. In einer noch nicht veröffentlichten Studie, in der rund 100 syrische Kinder und Jugendliche in Erstaufnahmeeinrichtungen in München untersucht wurden, wiesen 22,3 Prozent der Kinder eine PTBS und 16,3 Prozent eine Anpassungsstörung auf (Mall 2015).

5.2 Entstehung von Traumatisierungen

Eine Traumatisierung kann dann entstehen, wenn Menschen extrem belastenden Ereignissen ausgesetzt sind. In solchen Situationen werden zwei angeborene Verhaltensmuster, nämlich der Flucht- und der Kampfreflex, aktiviert: Gibt es keine Möglichkeit zu einer der beiden Reaktionen, so fühlen sich die Betroffenen ohnmächtig und der Situation völlig ausgeliefert. Das führt zu einem Schockzustand, der sie erstarren lässt.

Das Bewusstsein kann dann inneres und äußeres Erleben nicht mehr in einen sinnvollen Zusammenhang bringen. Es findet eine Flucht nach »innen« statt, und die Betroffenen distanzieren sich vom Erlebten. Die Situation wird nicht in die Biografie und ins Gedächtnis assoziiert, sondern vom eigenen Erleben abgespalten = dissoziiert. Betroffene berichten zum Teil, dass sie die Situation als »Beobachter« außerhalb ihres Körpers wahrgenommen hätten. Gleichzeitig wird das Erlebte in einzelne Fragmente aufgesplittert: Die Situation wird nicht zusammenhängend wahrgenommen und erinnert, sondern einzelne Sinneseindrücke und kognitive wie emotionale Aspekte werden als Fragmente abgespeichert. Dadurch ergibt das Erlebte keine erzählbare, logisch nachvollziehbare Einheit mehr. Das führt auch dazu, dass das Erlebnis oft in unterschiedlicher Weise erzählt wird – nicht, weil die Betroffenen lügen oder etwas vermeiden wollen, sondern weil die Erinnerung lückenhaft ist und aus den Fragmenten konstruiert werden muss. Zur Heilung müssen diese Fragmente wieder zu einer sinnvollen Einheit zusammengesetzt und in die eigene Biografie integriert werden.

Traumatische Erfahrungen führen nicht automatisch dazu, dass längerfristig psychische Auffälligkeiten auftreten. Manche der Betroffenen schaffen es, die Erlebnisse zu verarbeiten und in ihr Selbstbild zu integrieren. Dabei spielen mehrere Faktoren eine Rolle:

Trauma-Arten

Erlebt jemand einmalig ein traumatisches Ereignis wie einen Autounfall oder einen Überfall (= ein Monotrauma), so zeigen die Betroffen anschließend zunächst oft psychische Symptome wie zum Beispiel Schlafstörungen, Angst oder Depressionen, die aber in der Regel nach einigen Monaten abklingen. Hier spricht man von einer »akuten Belastungsstörung«, die normalerweise maximal sechs Monate anhält und nicht behandelt werden muss. Auch eine zeitweilige Anpassungsstörung kann vorkommen, die sich bei Kindern häufig in Form von Störungen des Sozialverhaltens bzw. Regressionen zeigt.

Erleben Personen mehrere, voneinander unabhängige traumatische Ereignisse (= ein Multitrauma) – zum Beispiel einen Überfall, später einen Autounfall und dann weitere solcher Situationen –, so wird es mit jeder neuen Situation schwieriger, in die »Normalität« zurückzukehren. Aber auch hier treten bei vergleichsweise vielen Betroffenen keine dauerhaften psychischen Störungen auf; bei einigen kommt es jedoch zu Posttraumatischen Belastungsstörungen.

Höher ist die Wahrscheinlichkeit von Folgestörungen bei sequentiellen Traumata. Hier erleben die Betroffenen mehrfach traumatische Situationen, die miteinander zusammenhängen. Sequentielle Traumatisierungen treten häufig zum Beispiel im Krieg, auf der Flucht oder durch lang dauernde existenzbedrohende Lebensphasen auf. Es ist also davon auszugehen, dass die meisten Flüchtlinge sequentiell traumatisiert sind. Dabei kommt es häufig zu Ängsten, Depressionen, somatoformen Störungen, also körperlichen Symptomen ohne physiologische Ursachen, und Suchtverhalten.

Trauma und Lebensalter

Zusätzlich spielt das Alter, in dem eine traumatische Erfahrung gemacht wird, eine Rolle: Je älter die Betroffenen sind, desto mehr Erfahrungen mit schwierigen Situationen haben sie bereits. Hier hilft bei der Verarbeitung das Wissen, dass schon andere, belastende Situationen im Leben gemeistert wurden. Die Betroffenen können auf die Strategien, die ihnen in diesen Situationen weitergeholfen haben, zurückgreifen.

Je jünger die Betroffenen sind, desto ungeschützter sind sie den traumatisierenden Erlebnissen ausgesetzt. Sie sind auf die Unterstützung der Bezugspersonen angewiesen. Können diese nicht helfen, so verlieren Kinder bei sequentiellen Traumata das Vertrauen in ihre Umwelt. Die Selbstintegrität und die Bindungssicherheit werden beeinträchtigt und so die Identitätsentwicklung gestört. Umstritten ist, ob diese Form des Traumas nicht als »Entwicklungstrauma« eigenständig neben den anderen Trauma-Arten aufgeführt werden sollte, da die Auswirkungen noch einmal gravierender und von anderer Qualität sind. So kommt es in diesen Fällen insbesondere zu Dissoziativen Störungen, Depressionen, Suizidalität und PTBS sowie dem erhöhten Risiko einer späteren Persönlichkeitsstörung.

Exkurs: Dissoziative Störungen

Nach ICD-10 (F44) werden Dissoziative Störungen folgendermaßen definiert: »Das allgemeine Kennzeichen der dissoziativen oder Konversionsstörungen besteht in teilweisem oder völligem Verlust der normalen Integration der Erinnerung an die Vergangenheit, des Identitätsbewusstseins, der Wahrnehmung unmittelbarer Empfindungen sowie der Kontrolle von Körperbewegungen. [...] Eher chronische Störungen, besonders Lähmungen und Gefühlsstörungen, entwickeln sich, wenn der Beginn mit unlösbaren Problemen oder interpersonalen Schwierigkeiten verbunden ist. [...] Die Möglichkeit eines späteren Auftretens ernsthafter körperlicher oder psychiatrischer Störungen muss immer mitbedacht werden.«

Bei Dissoziativen Störungen werden Empfindungen und Handeln voneinander abgespalten und führen zu Störungen der Erinnerung, des Identitätsbewusstseins oder dem »Kontrollerleben von Körpergefühl und -bewegungen« (Kropp 2014, S. 17). Zum Teil können solche Dissoziationen von den Betroffenen bewusst herbeigeführt werden, um unangenehme Empfindungen auszublenden. Häufig führen Dissoziationen aber dazu, dass »auch positive Wahrnehmungen [...] nicht mehr erlebt und der eigene Körper für das Kind als abgestumpft und abgespalten empfunden werden« (ebd.).

5.3 Schutz- und Risikofaktoren

Wenn zwei Personen im selben Alter die gleiche traumatische Erfahrung machen, so bedeutet das nicht, dass beide auch gleich darauf reagieren. Hier wirken sich Schutz- und Risikofaktoren aus, die die Wahrscheinlichkeit von Folgestörungen vermindern oder aber erhöhen. Im Kontext von Kriegs- und Fluchterfahrungen werden häufig folgende Faktoren genannt:

Schutzfaktoren	Risikofaktoren
Unterstützung durch die Familie und/oder das Umfeld	Fehlende soziale Unterstützung
Gesunde Kindheit	Kindheitsbelastungen
Überdurchschnittliche Intelligenz	Intelligenzminderung
Bereits erworbene Kompetenzen und positive Erfahrungen	
Sicheres Beziehungsverhalten	
	Mangelndes Selbstbewusstsein
	Belastende Lebensbedingungen
	Niedriger sozioökonomischer Status
	Psychische Störung der Eltern

Geht man von dieser Liste aus, so zeigt sich, dass bei Kindern mit Fluchterfahrungen die letzten drei Risikofaktoren relativ wahrscheinlich sind. Laut Studien (Ruf, Schauer & Elbert 2010) leiden rund 40 Prozent der erwachsenen Flüchtlinge unter PTBS. Ein niedriger sozioökonomischer Status ist in den ersten Jahren nach der Flucht anzunehmen. Und wie in Kapitel 3 dargestellt wurde, kann davon ausgegangen werden, dass die Lebensbedingungen häufig belastend sind und von den Kindern auch als belastend erfahren werden.

5.4 Posttraumatische Belastungs- oder Folgestörung bei Kindern

Symptome einer PTBS nach ICD-10

Personen mit PTBS weisen ein komplexes Störungsbild auf, wobei im Allgemeinen drei Grundsymptome auftreten: Wiedererleben, Vermeidung und Übererregung. In der ICD-10 werden folgende Symptome aufgeführt:

»Typische Merkmale sind das wiederholte Erleben des Traumas in sich aufdrängenden Erinnerungen (Nachhallerinnerungen, Flashbacks), Träumen oder Albträumen, die vor dem Hintergrund eines andauernden Gefühls von Betäubtsein und emotionaler Stumpfheit auftreten. Ferner finden sich Gleichgültigkeit gegenüber anderen Menschen, Teilnahmslosigkeit der Umgebung gegenüber, Freudlosigkeit sowie Vermeidung von Aktivitäten und Situationen, die Erinnerungen an das Trauma wachrufen könnten. Meist tritt ein Zustand von vegetativer Übererregtheit mit Vigilanzsteigerung, einer übermäßigen Schreckhaftigkeit und Schlafstörung auf. Angst und Depression sind häufig mit den genannten Symptomen und Merkmalen assoziiert und Suizidgedanken sind nicht selten.«

Diese Symptome treten nicht direkt nach dem traumatischen Erlebnis auf, sondern erst nach einigen Wochen oder Monaten, manchmal sogar Jahre später. In der Literatur zu Kindern mit PTBS wird diese Symptomliste der ICD-10 häufig kritisiert, denn Kinder reagieren zum Teil anders als Erwachsene, an denen die Zusammenstellung der Symptome ausgerichtet ist.

Leitsymptom Übererregung

Die Ursache für Übererregung liegt wohl darin, dass traumatisierte Menschen permanent davon ausgehen, wieder in eine schreckliche Situation kommen zu können und deswegen ständig auf der Hut/auf dem Sprung sind. In Bezug auf das Verhalten von Kindern zählt Krüger (2015, S. 35) folgende Merkmale auf: »… allgemeine Unruhe, es [das Kind] ist motorisch hyperaktiv, zeigt Einschlaf- und Durchschlafstörungen, Konzentrationsstörungen, Reizbarkeit, Stimmungsschwankungen, aggressive Impulsdurchbrüche, bis hin zu Gewalttätigkeit.« Zusätzlich merkt Framhein (2009) an, dass Schlafstörungen oft von Ängsten begleitet werden, auch wenn die Kinder keine Albträume haben. Zudem kommt es immer wieder zu Schlafwandeln.

Leitsymptom Wiedererleben

Betroffene erinnern sich nicht einfach an das Erlebte, sondern sie durchleben, durch Hinweisreize ausgelöst, die traumatisierende Situation oder einzelne Empfindungen der Situation noch einmal. Dabei kommt es immer wieder auch zu Panik und dem Gefühl der Trostlosigkeit sowie körperlichen Symptomen wie Herzrasen und Schweißausbrüchen. Diese Rückerinnerungen helfen nicht bei der Verarbeitung des Erlebten, sondern führen eher zu einer Re-Traumatisierung; sie fühlen sich wie ein Neu-Erleben der Situation an.

Auslöser dieser Erinnerungen können alle Sinneseindrücke sein: Gerüche, Geräusche, Geschmäcker, aber auch andere Empfindungen, die mit der traumatisierenden Situation verbunden sind. Dabei ist den Betroffenen der Zusammenhang oft nicht bewusst; auch die Erinnerung muss nicht die gesamte Situation umfassen, sondern kann nur aus einem Gefühl, einer körperlichen Empfindung oder aber einem einzelnen Bild bestehen. Wiedererinnerungen können auch in Form von Albträumen auftreten.

Den Wiedererinnerungen werden zwei Funktionen zugesprochen: Zum einen handelt es sich um »Warnsignale«, die dazu führen sollen, dass der Betroffene nicht wieder in eine ähnliche Situation gerät (wie nach einer Lebensmittelvergiftung schon der Geruch der damals verzehrten Speisen Bauchweh oder Würgereiz auslösen kann). Zum anderen wird damit (wie bei physischen Verletzungen durch Schmerz) eine psychische Verletzung angezeigt, die behandelt werden sollte.

Auch hier kommt es bei Kindern zu anderen Symptomen als bei Erwachsenen. Bei jüngeren Kindern zeigt sich Wiedererinnern oft dadurch, dass sie das Erlebte häufig nachspielen. Das wiedererinnernde Spiel von Kindern mit Fluchterfahrungen beschreibt Framhein (2009) folgendermaßen: » […] typisch ist das repetitive Spiel […]: meist chaotische Kampfszenen, jeder gegen jeden, es gibt weder Strukturen noch Gewinner, emotionale Entlastung ist nicht spürbar, sondern es wirkt wie ein unfassbares, nicht enden wollendes Überwältigtsein […]« (Kapitel 4.2.2). Krüger (2015) stellt fest: »Typisch sind dann auch die Schilderungen von Abwesenheit, Starre, leerem Blick bei diesen Kindern« (S. 39).

Kinder reagieren auf Auslöser oft zusätzlich mit verschiedensten Ängsten. In der Regel scheint das Wiedererleben mit der Zeit abzunehmen, während die Ängste oft unabhängig von den Auslösern weiterbestehen. Zudem kommt es vor, dass Kinder und Jugendliche die traumatisierenden Erfahrungen reinszenieren, das heißt, sich in Gefahrensituationen begeben und damit ähnliche wie die traumatisierende Situation heraufbeschwören. Diese Reinszenierungen können als Hilferuf verstanden werden: Während die eigentliche Verletzung bzw. Traumatisierung schon vergangen ist, kann die Umwelt auf diese neuerlichen Situationen reagieren. Zudem können sich die Betroffenen so die traumatisierende Situation im Nachhinein »erklären« und damit »kontrollierbarer« machen: Hätte ich mich nicht so und so verhalten/wäre ich nicht so und so, wäre mir das nicht passiert.

Leitsymptom Vermeidung

Während Übererregung und Wiedererleben von Stress geprägt sind, dienen Vermeidungssymptome dazu, Abstand vom Erlebten zu nehmen. So versuchen die Betroffenen insbesondere alle möglichen Auslöser, die zu Wiedererinnerungen führen könnten, zu vermeiden.

Bereits in der traumatisierenden Situation erfolgte zum Schutz eine Abspaltung des inneren vom äußeren Erleben = Dissoziation. Dies kann Emotionen, aber auch körperliche Schmerzen betreffen. Häufig haben die Betroffenen nach dem Ereignis das Gefühl, dass nichts mehr so ist wie vorher und fühlen sich auch dann noch wie betäubt, distanziert vom Geschehen.

Nach Framhein (2009) tritt Vermeidungsverhalten bei Kindern kaum auf, wobei dies umso mehr gilt, je jünger die Kinder sind. Stattdessen kommt ein eingeschränktes Spielverhalten vor, das durch die Angst vor intensiven Gefühlen und durch Probleme, Gefühle differenziert auszudrücken, gekennzeichnet ist.

Weitere Symptome bei Kindern

Häufig kommt es bei Kindern zudem zum Verlust schon erworbener Fähigkeiten und zu Entwicklungsstörungen. Krüger (2015) begründet dies damit, dass sich die Kinder auf ein früheres Entwicklungsstadium zurückziehen, in dem sie sich noch sicher und geborgen fühlten. Framhein (2009) führt als weitere Symptome Aggressionen und Trennungsängste, die vor dem traumatisierenden Erlebnis nicht aufgetreten sind, sowie verschiedenste weitere Ängste, Dissoziationen und körperliche Beschwerden ohne organischen Befund auf.

Symptomliste nach Lebensalter

In Krüger (2015, S. 41) findet sich folgende Tabelle, die offensichtliche Symptome für verschiedene Altersstufen aufzählt:

Alter in Jahren	Typische Symptome
I: 0–1	Schreien, vermehrte Schreckhaftigkeit, verminderte Beruhigbarkeit, Schlafstörungen, Fütterstörungen, Gedeihstörungen
II: 1–3	**siehe I +:** Gefühlsschwankungen, Hyperaktivität, Unruhezustände, Apathie, Angst, ängstlich angespannte Wachsamkeit, Sprachlosigkeit, anklammerndes Verhalten, Entwicklungsrückschritte, Misstrauen in die menschliche Beziehung generell
III: 3–6	**siehe II +:** Wiederholen traumatischer Erlebnisse mit Spielsachen, eventuell Äußerungen über Flashbacks, wenn danach gefragt wird; Ins-Leere-Starren, körperliche Beschwerden ohne Krankheitsbefund beim Arzt, sozialer Rückzug, rückläufige Sprachentwicklung, Verlust bereits erlangter sozialer Fähigkeiten, aggressives Verhalten
IV: 6–10	**siehe II + III +:** zunehmend Symptome einer Posttraumatischen Belastungsstörung, fortgesetztes oder wieder eintretendes Einnässen, Einkoten, Schulleistungsstörungen, Konzentrationsstörungen; veränderte, pessimistische Sicht auf die Welt, quälende Schuldgefühle, niedergedrückte Stimmung, Risikoverhalten, selbstverletzendes Verhalten, Suizidalität, zwanghaftes Verhalten, alles gelegentlich auch hinter einer »ganz normalen« Verhaltensfassade
V: 10–14	**siehe IV +:** zunehmend Symptome im Sinne der klassischen Posttraumatischen Belastungsstörung, bei Gewalterfahrungen ein »Wiederherstellen« traumatischer Situationen in verschiedenen Beziehungen (zu Gleichaltrigen, Erwachsenen etc.), Essstörungen, selbstverletzendes Verhalten, vermehrt Suizidalität, Drogenkonsum, andere psychiatrische Krankheitszeichen
VI: 14–18	**siehe V +:** Teufelskreis des Scheiterns: schlechte Selbstwahrnehmung, soziales, schulisches Scheitern, (symptombedingte) misslungene erste intime Beziehungen, vermehrt Drogenkonsum, Perversionen, weitreichende existenzielle Zukunftsängste

Weil es sich bei der Posttraumatischen Belastungsstörung um eine komplexe Störung handelt, die sich an verschiedensten, meist recht unspezifischen (auch bei anderen Störungen/Auffälligkeiten vorkommenden) Symptomen zeigt, muss mit der Diagnose sehr vorsichtig umgegangen werden. Ein oder zwei Merkmale reichen nicht aus; normalerweise wird davon ausgegangen, dass mindestens ein Merkmal für jedes Leitsymptom vorhanden sein muss und natürlich auch Hinweise darauf vorliegen müssen, dass es ein traumatisierendes Ereignis gegeben hat. Letzteres kann bei Kindern mit Fluchterfahrungen – insbesondere aus Kriegsgebieten – als sehr wahrscheinlich angenommen werden.

Besonderheiten bei der Diagnostik

Nach Framhein (2009) muss bei der Diagnostik von Kindern mit Fluchterfahrungen beachtet werden, dass Instrumente wie Fragebögen nur bedingt einsetzbar sind. Selbst wenn die Kinder gut deutsch sprechen, kommen darin oft Begriffe und Strukturen vor, die den Kindern nicht geläufig sind. Weil die Kinder zudem zum Teil so erzogen sind, dass sie Respektspersonen (und das sind die Diagnostizierenden in der Regel) nicht widersprechen, artikulieren sie mögliche Verständnisschwierigkeiten oft auch nicht.

Auch kulturell bedingte Entwicklungs- und Wertvorstellungen können zu falschen Einschätzungen führen. So kann es sein, dass Eltern schlecht Auskunft darüber geben können, wie ihre Kinder sich fühlen, weil sie mit ihnen nicht darüber sprechen und annehmen, dass Kinder vieles nicht mitbekommen. Bestimmte Verhaltensweisen der Kinder wie Schüchternheit oder Unselbstständigkeit können von den Eltern auch erwünscht sein und so nur vordergründig auffällig wirken. Auch bestimmte Themen wie sexueller Missbrauch können stark tabuisiert und damit »unansprechbar« sein.

Ein großes Problem stellen Fragen nach dem traumatisierenden Ereignis dar. Hier müssen in der Regel die Eltern befragt werden, da die Kinder die Erlebnisse oft nicht artikulieren können. Weil die Eltern aber häufig auch selbst Betroffene in der Situation sind, können solche Befragungen bei ihnen unter Umständen Angstzustände, Wiedererinnerungen und andere Symptome von Traumafolgestörungen auslösen. Kinder können die Erlebnisse meist besser in Spielen und Bildern als sprachlich darstellen. Dabei kommt es immer wieder zu Verfremdungen und Rollenumkehr, um sich vom Erlebten zu distanzieren.

Anpassungsstörungen und Dissoziative Störungen

Während es eine vergleichsweise große Anzahl an Literatur gibt, die sich mit Posttraumatischen Belastungsstörungen (PTBS) bei Kindern auseinandersetzt, werden Anpassungsstörungen und Dissoziative Störungen kaum diskutiert. Ob dies daran liegt, dass diese Störungen vergleichsweise selten vorkommen, recht eindeutig erkannt und/oder therapiert werden können oder aber bei Kindern weniger gut abgegrenzt werden kann, welche Traumafolgestörung vorliegt und so auch die Anpassungsstörung und Dissoziative Störungen unter PTBS subsummiert werden, konnte nicht geklärt werden. Sieht man sich die für Kinder aufgezählten Symptome an, ist Letzteres zu vermuten.

5.5 Therapeutische Hilfe

Eine Traumatherapie setzt sich in der Regel aus drei therapeutischen Phasen zusammen: Zunächst müssen die Betroffenen stabilisiert werden, das heißt, sie müssen sich körperlich und seelisch sicher fühlen und ein Verständnis für die eigene Erkrankung entwickeln. Wichtig ist hier insbesondere ein stabiles und sicheres Beziehungssystem. Daran anschließend kann das Trauma bearbeitet werden, wozu bei Kindern zum Beispiel spieltherapeutische Ansätze genutzt werden. Schließlich folgt die Phase der Integration, in der das Trauma in die Biografie eingeordnet und den Betroffenen ihre volle Handlungsfähigkeit wiedergegeben werden soll.

Zugang zu therapeutischer Hilfe

Inwieweit Kindern mit Fluchterfahrungen eine Therapie zugänglich ist, hängt von verschiedenen Faktoren ab: Asylsuchende und Geduldete haben in der Regel nur Zugang zu eingeschränkten Gesundheitsleitungen (siehe Kapitel 1.5). Eine Übernahme der Kosten hängt davon ab, ob die zuständige Ausländerbehörde die Traumatisierung als akute Erkrankung ansieht oder eine Behandlung als unerlässlich zur Sicherung der Gesundheit erachtet. Dabei scheint die Bewilligungspraxis zwischen den Ausländerbehörden stark zu variieren.

Liegt eine Mitgliedschaft bei der gesetzlichen Krankenkasse vor, haben Flüchtlinge den gleichen Zugang zu psychotherapeutischer Behandlung wie Deutsche. Ein Problem kann der Wechsel von Leistungen nach dem Asylbewerberleistungsgesetz in das normale Gesundheitssystem darstellen: Eine schon laufende Therapie kann nicht einfach durch die Krankenkasse weiterfinanziert werden, sondern es muss noch einmal eine Antragstellung mit Erfüllung aller Voraussetzungen erfolgen. In der Regel dauert dies so lange, dass die begonnene Therapie abgebrochen werden muss.

Eine weitere Hürde, die auch Nicht-Flüchtlinge betrifft, stellt die Verfügbarkeit von Therapieplätzen dar. Gerade im ländlichen Raum gibt es zu wenig Psychotherapeuten im Allgemeinen und Traumatherapeuten im Speziellen. So müssen Betroffene häufig lange Fahrzeiten in Kauf nehmen und warten zudem oft Monate auf einen Therapieplatz. Erschwerend kommt für Flüchtlinge hinzu, dass viele Therapeuten und Institutionen sich nicht in der Lage sehen, Menschen ohne ausreichende Deutschkenntnisse zu therapieren. Zwar gibt es Möglichkeiten, die Kostenübernahme für Dolmetscher zu beantragen; dies ist aber laut Bundesärztekammer aufwändig und langwierig, wobei die Anträge zudem oft abgelehnt werden.

Psychosoziale Zentren für Flüchtlinge

In der Bundesweiten Arbeitsgemeinschaft der Psychosozialen Zentren für Flüchtlinge und Folteropfer (BAfF) haben sich etwa 30 Institutionen zusammengeschlossen, die Therapien für Flüchtlinge (teilweise v.a. für Erwachsene) anbieten. Im Folgenden werden die Kontaktdaten der beteiligten Institutionen nach Bundesländern aufgelistet, wobei gleich darauf hingewiesen sei, dass auch hier in der Regel sehr lange Wartezeiten bestehen.

Es lohnt sich aber häufig, die betreffenden Institutionen anzurufen, da sie meist zudem Auskunft geben können, welche nicht aufgelisteten Institutionen, die gegebenenfalls näher am Bedarfsort sind, auch Kinder mit Fluchterfahrungen diagnostizieren und therapieren.

Baden-Württemberg	**PBV Stuttgart – Psychologische Beratungsstelle für politisch Verfolgte und Vertriebene** Schloßstraße 76 70176 Stuttgart Tel.: +49 (0) 711 – 285 44 50 Fax: +49 (0) 711 – 20 54 49 95 07 E-Mail: pbv@eva-stuttgart.de Website: http://www.eva-stuttgart.de/fluechtlinge-mit-traumaerfahrung.html
	Refugio Stuttgart e. V. – Psychosoziales Zentrum für traumatisierte Flüchtlinge Weißenburgstr.13 70180 Stuttgart Tel.: +49 (0) 711 – 645 31 27 Fax: +49 (0) 711 – 645 31 26 E-Mail: info@refugio-stuttgart.de Website: www.refugio-stuttgart.de
	BFU Ulm – Behandlungszentrum für Folteropfer Ulm Innere Wallstr. 6 89077 Ulm Tel.: +49 (0) 731 – 228 36 Fax: +49 (0) 731 – 15 97 90 00 E-Mail: kontakt@bfu-ulm.de Website: www.bfu-ulm.de
	Refugio Villingen-Schwenningen – Kontaktstelle für traumatisierte Flüchtlinge e. V. Schwedendammstraße 6 78050 Villingen-Schwenningen Tel.: +49 (0) 7721 – 50 41 55 Fax: +49 (0) 7721 – 50 41 65 E-Mail: refugio.vs@t-online.de Website: www.refugio-vs.de

Bayern	**Exilio Lindau – Hilfe für Flüchtlinge und Folterüberlebende e. V.** Reutiner Straße 5 88131 Lindau Tel.: +49 (0) 8382 – 40 94 50 Fax: +49 (0) 8382 – 40 94 54 E-Mail: info@exilio.de Website: www.exilio.de
	REFUGIO München – Beratungs- und Behandlungszentrum für Flüchtlinge und Folteropfer e. V. Rosenheimer Straße 38 81669 München Tel.: +49 (0) 89 – 982 95 70 Fax: +49 (0) 89 – 982 95 757 E-Mail: office@refugio-muenchen.de Website: www.refugio-muenchen.de
	PSZ Nürnberg – Psychosoziales Zentrum für Flüchtlinge St.-Johannis-Mühlgasse 5 90419 Nürnberg Tel.: +49 (0) 911 – 393 63-62 Fax: +49 (0) 911 – 393 63-61 E-Mail: buellesbach.charlotte@rummelsberger.net Website: www.jugendhilfe-rummelsberg.de/jugendhilfe_nuernberg_zentrum_fluechtlinge.jugendhilfe
Berlin	**bzfo Berlin – Behandlungszentrum für Folteropfer Berlin** GSZ Moabit Haus K Eingang C, 3. OG Turmstraße 21 10559 Berlin Tel.: +49 (0) 30 – 303 90 60 Fax: +49 (0) 30 – 30 61 43 71 E-Mail: mail@bzfo.de Website: www.bzfo.de
	XENION Berlin – Psychotherapeutische Beratungsstelle für politisch Verfolgte Paulsenstraße 55/56 12163 Berlin Tel.: +49 (0) 30 – 323 29 33 Fax: +49 (0) 30 – 324 85 75 E-Mail: info@xenion.org Website: www.xenion.org

Brandenburg	**Behandlungsstelle für traumatisierte Flüchtlinge, Fürstenwalde** c/o KommMit e. V. Turmstraße 21, Haus K, Eingang D, 2. OG links 10559 Berlin Tel.: +49 (0) 30 – 98 35 37 31 Fax: +49 (0) 30 – 98 35 39 14 E-Mail: m.misselwitz@kommit.eu Website: www.kooperation-für-flüchtlinge-in-brandenburg.de/
Bremen	**REFUGIO Bremen – Psychosoziales Zentrum für ausländische Flüchtlinge e. V.** Parkstraße 2–4 28209 Bremen Tel.: +49 (0) 421 – 376 07 49 Fax: +49 (0) 421 – 376 07 22 E-Mail: info@refugio-bremen.de Website: www.refugio-bremen.de
Hamburg	**Haveno** Gesundheitszentrum St. Pauli, Haus 5 Seewarterstraße 10 20459 Hamburg Tel./Fax: +49 (0) 40 – 31 79 35 35 E-Mail: info@haveno.de Website: www.haveno.de
Hessen	**Ev. Zentrum für Beratung und Therapie Frankfurt/M. – Haus am Weißen Stein – Beratung und Therapie für Flüchtlinge** Eschersheimer Landstraße 567 60431 Frankfurt/Main Tel: +49 (0) 69 – 53 02-291 Fax: +49 (0) 69 – 53 02-294 E-Mail: fluechtlingsberatung@frankfurt-evangelisch.de **FATRA Frankfurt/M. – Frankfurter Arbeitskreis Trauma und Exil e. V.** Berger Strasse 118 60316 Frankfurt/Main Tel.: +49 (0) 69 – 49 91 74 Fax: +49 (0) 69 – 49 85 26 E-Mail: fatra@t-online.de Website: www.fatra-ev.de
Mecklenburg-Vorpommern	**Psychosoziales Zentrum für Migranten in Vorpommern im Kreisdiakonischen Werk Greifswald-Ostvorpommern e. V.** Kapaunenstraße 10 17489 Greifswald Tel.: +49 (0) 3834 – 231 12 69 E-Mail: psz@kdw-greifswald.de

Niedersachsen	**IBIS – Interkulturelle Arbeitsstelle e. V.** Klävemannstraße 16 26122 Oldenburg Tel.: +49 (0) 441 – 88 40 16 (Zentrale) +49 (0) 441 – 984 96 05 (Verwaltung und Geschäftsführung) +49 (0) 441 – 39 03 89 43 (Deutsch, Arabisch, Kurdisch, Farsi, Dari) +49 (0) 441 – 39 06 33 23 (Deutsch, Englisch, Französisch) Fax: +49 (0) 441 – 984 96 06 E-mail: info@ibis-ev.de Website: www.ibis-ev.de
Nordrhein-Westfalen	**PSZ Aachen – Psychosoziales Zentrum für Flüchtlinge in der Städteregion Aachen (PÄZ Aachen e. V.)** Mariahilfstraße 16 52062 Aachen Tel.: +49 (0) 241 – 490 00 Fax: +49 (0) 241 – 490 04 E-Mail: paez.ac@t-online.de und Psz.ac@gmx.de **PSZ Bielefeld – Psychosoziales Zentrum für Flüchtlinge** (Ev. Krankenhaus Bielefeld gGmbH und AK Asyl e. V.) Friedenstr. 4-8 33602 Bielefeld Tel.: +49 (0) 5 21 – 7 87 – 152 46 Fax: +49 (0) 5 21 – 7 87 – 152 93 Website: www.psz-nrw.de/psz-netzwerk/psz-bielefeld/ Flyer: www.psz-nrw.de/wp-content/uploads/2015/05/Flyer-PSZ-Bielefeld.pdf **MFH Bochum – Medizinische Flüchtlingshilfe e. V.** Dr.-Ruer-Platz 2 44787 Bochum Tel.: +49 (0) 234 – 904 13 80 Fax: +49 (0) 234 – 904 13 81 E-Mail: info@mfh-bochum.de Website: www.mfh-bochum.de **PSZ Düsseldorf – Psychosoziales Zentrum für Flüchtlinge** Benrather Straße 7 40213 Düsseldorf Tel.: +49 (0) 211 – 54 41 73 22 Fax: +49 (0) 211 – 54 41 73 20 E-Mail: info@psz-duesseldorf.de Website: www.psz-duesseldorf.de

Therapiezentrum für Folteropfer/Flüchtlingsberatung des Caritasverbandes für die Stadt Köln e. V.
Spiesergasse 12
50670 Köln
Tel.: +49 (0) 221 – 160 74-0
Fax: +49 (0) 221 – 139 02 72
E-mail: therapiefolteropfer@caritas-koeln.de und fluechtlingsberatung@caritas-koeln.de
Website: www.therapiezentrum-fuer-folteropfer.de

Refugio Münster – Psychosoziale Flüchtlingshilfe
Hafenstr. 3-5
48153 Münster
Tel.: +49 (0) 251 – 144 86 31
Fax: +49 (0) 251 – 144 86 34
E-Mail: info@refugio-muenster.de
Website: www.refugio-muenster.de

Rheinland-Pfalz

Diakonisches Werk Altenkirchen – Fachdienst für Flüchtlinge und Migranten
Psychosoziales Zentrum für Flüchtlinge, Altenkirchen
Stadthallenweg 16
57610 Altenkirchen
Tel.: +49 (0) 2681 – 800 08 20
E-Mail: liebmann@dw-ak.de
Website: www.diakonie-altenkirchen.de/fachdienst-fuer-fluechtlinge-und-migranten
Landkreise: Altenkirchen, Neuwied, Westerwald-Kreis

Diakonie Pfalz – Psychosoziales Zentrum Pfalz, Ludwigshafen
Wredestr. 17
67059 Ludwigshafen
Tel.: +49 (0) 621 – 49 07 77 10
E-Mail: psz-pfalz@diakonie-pfalz.de
Website: www.diakonie-pfalz.de

Caritasverband Mainz e. V. – Psychosoziales Zentrum für Flucht und Trauma, Mainz
Rheinallee 3a
55116 Mainz
Tel.: +49 (0) 6131 – 90 74 60
E-Mail: beratungszentrum@caritas-mz.de
Website: www.caritas-mainz.de

	Caritasverband für die Region Rhein-Mosel-Ahr e. V. **IN TERRA – Psychosoziales Zentrum für Flüchtlinge, Mayen** St. Veit-Straße 14 56727 Mayen Tel.: +49 (0)2651 – 986 90 E-Mail: goepfert-m@caritas-mayen.de Website: www.caritas-rhein-mosel-ahr.de Landkreise: Mayen-Koblenz, Stadt Koblenz, Rhein-Lahnkreis, Cochem-Zell, Bad-Neuenahr-Ahrweiler **Ökumenische Beratungsstelle für Flüchtlinge, Trier** Dasbachstraße 21 54292 Trier Tel.: +49 (0) 651 – 991 06 00 E-Mail: fluechtlingsberatung@diakoniehilft.de Landkreise: Trier, Trier-Saarburg, Bitburg-Prüm, Bernkastel-Wittlich, Rhein-Hunsrück-Kreis (VG Kirchberg, VG Kastellaun, VG Simmern)
Saarland	**PSZ Saarbrücken – Psychosoziales Beratungszentrum des Deutschen Roten Kreuzes** Vollweidstraße 2 66115 Saarbrücken Tel.: +49 (0) 681 – 976 42 70 Fax: +49 (0) 681 – 976 42 90 E-Mail: beratungszentrum@lv-saarland.drk.de Website: www.lv-saarland.drk.de
Sachsen-Anhalt	**Psychosoziales Zentrum für Migrantinnen und Migranten Sachsen-Anhalt** Halle (Saale): Marienstraße 27a 06108 Halle (Saale) Tel.: +49 (0) 345 – 212 57 68 Fax: +49 (0) 345 – 20 36 91 37 E-Mail: kontakt@psz-sachsen-anhalt.de Website: www.psz-sachsen-anhalt.de Magdeburg: Liebknechtstraße 55 39114 Magdeburg Tel.: +49 (0) 391 – 63 10 98 07 Fax: +49 (0) 391 – 50 67 69 85 E-Mail: kontakt@psz-sachsen-anhalt.de

Thüringen	**refugio thüringen – Psychosoziales Zentrum für Flüchtlinge e. V.** Wagnergasse 25 07743 Jena Tel.: +49 (0) 3641 – 22 62 81 Fax: +49 (0) 3641 – 23 81 98 E-Mail: koordination@refugio-thueringen.de Website: www.refugio-thueringen.de

Auch weitere Institutionen haben inzwischen den Bedarf erkannt und ihre therapeutischen Angebote auf Flüchtlinge ausgeweitet. Daher ist es sinnvoll, bei psychosozialen Zentren vor Ort bzw. in der Nähe nachzufragen, ob sie gegebenenfalls auch Kinder mit Fluchterfahrungen diagnostizieren und behandeln.

5.6 Traumapädagogik

Die Traumapädagogik ist eine vergleichsweise junge Disziplin, die in den 1990er Jahren ihren Anfang nahm. Zunächst wurden Ansätze entwickelt, wie Kinder und Jugendliche, die sexuelle Gewalterfahrungen hinter sich haben und sich in Einrichtungen der stationären Jungendhilfe oder bei Pflegeeltern befinden, besser unterstützt werden können. Das erste Diskussionsforum zum Thema entstand im Jahr 2002 mit der Homepage www.traumapaedagogik.de; die Bundesarbeitsgemeinschaft für Traumapädagogik gibt es seit 2008. Inzwischen liegen verschiedene konzeptuelle Ansätze vor, wie traumatisierte Kinder pädagogisch unterstützt werden können. Die Traumapädagogik versteht sich nicht als Ersatz, sondern als wichtige Ergänzung zu therapeutischen Maßnahmen – so kann zur Stabilisierung besser an Orten beigetragen werden, an denen sich die Betroffenen (fast) täglich aufhalten, als in wöchentlichen Therapiesitzungen. Traumapädagogik versteht sich zudem nicht nur als Hilfe für die betroffenen Kinder, sondern auch als Entlastung für die mit Betroffenen arbeitenden Fachkräfte.

Der Schwerpunkt der traumapädagogischen Ansätze liegt immer noch auf der stationären Kinder- und Jugendhilfe, auch wenn inzwischen einige Überlegungen und Erfahrungen zum Einsatz in Schule und Kita vorliegen. Da die bislang entwickelten traumapädagogischen Methoden zudem teilweise auf guten sprachlichen Kompetenzen aufbauen, sind sie manchmal auf Kinder mit Fluchterfahrungen nicht direkt übertragbar. Dennoch lassen sich in der Traumapädagogik vielversprechende Arbeitshilfen finden.

Traumapädagogische Grundhaltung

Eines der größten Probleme im Umgang mit traumatisierten Kindern besteht darin, dass diese häufig für andere und sich selbst nicht nachvollziehbar reagieren, unverständliche und im pädagogischen Alltag anstrengende Verhaltensweisen zeigen. Weiß (2008) betont in diesem Zusammenhang, wie wichtig es ist, davon auszugehen, dass die Betroffenen in ihrem Leben schon viele Krisensituationen überstanden und damit schon viel geleistet haben. Sie haben aufgrund ihrer Biografie sehr gute Gründe für die auftretenden Verhaltensweisen, die so als normale Reaktionen auf extreme Stressbelastungen zu verstehen sind.

Allein diese wertschätzende Grundhaltung kann die Beziehung zwischen pädagogischen Fachkräften und Kindern schon entlasten: Erzieherinnen und Erzieher beziehen die Reaktionen der Kinder nicht mehr auf sich und können ihnen vermitteln, dass ihr Verhalten unter den gegebenen Erfahrungen »normal« ist. Wichtig ist es, den Kindern so ein positives Selbstbild zu vermitteln und dadurch ihr Selbstwertgefühl und Selbstbewusstsein zu stärken, da sie bis jetzt durch ihre Ohnmachtserfahrungen wenig Sinn in ihrem Leben und ihren Handlungen finden konnten.

Zudem müssen die Kinder, die schwierige Erfahrungen hinter sich haben, in denen sie völlig hilflos waren, Selbstwirksamkeit erleben, um seelisch gesund werden zu können. Dazu ist eine dem Alter entsprechende, größtmögliche Partizipation unerlässlich, um die Kinder Autonomie, Kompetenz und Zugehörigkeit erleben zu lassen. Da die Kinder bis jetzt willkürliche Macht- und Hierarchieausübungen erfahren haben, ist es wichtig, dass sie nun »einen transparenten verantwortungsvollen Umgang mit Hierarchien, Strukturen und Machtverhältnissen erleben« (Bundesarbeitsgemeinschaft Traumpädagogik 2011, S. 6). So wird ein sicherer Ort (siehe Seite 74) geschaffen, der berechenbar und dessen »Regeln« nachvollziehbar sind. Schließlich sollte den anhaltenden negativen Erfahrungen, die die Kinder gemacht haben, etwas Positives entgegengesetzt und dadurch die Resilienz gestärkt werden. Spaß und Freude zu vermitteln und gemeinsam zu erleben ist damit ebenso wichtiger Teil der Grundhaltung.

Eckpfeiler der traumapädagogischen Grundhaltung (nach Bundesarbeitsgemeinschaft für Traumapädagogik 2011, S. 5ff.)

Grundhaltung	Grundsatz
Die Annahme des guten Grundes	Alles, was ein Mensch zeigt, macht einen Sinn in seiner Geschichte
Wertschätzung	Es ist gut so, wie du bist
Partizipation	Ich trau dir was zu und überfordere dich nicht
Transparenz	Jeder hat jederzeit ein Recht auf Klarheit
Spaß und Freude	Viel Freude trägt viel Belastung

Nach Weiß (2011) gehört zu einer traumapädagogischen Haltung auch, die Kinder dabei zu unterstützen, ihre Verletzungen und Schwierigkeiten anzunehmen, ihnen altersadäquat Fachwissen zum Verständnis von Trauma zu vermitteln und ihnen »bei der Entwicklung eines guten Lebens durch Selbstbemächtigung« (S. 265) zu helfen. Traumapädagogik bietet keine Inhalte und Methoden, die sich ausschließlich für traumatisierte Kinder eignen, sondern solche, von denen auch psychisch gesunde Kinder profitieren können.

Selbstwirksamkeit und Selbstbemächtigung

Ausgehend von der beschriebenen Grundhaltung ist eines der wichtigsten Ziele der Traumapädagogik die Selbstbemächtigung (Weiß 2011; Bundesarbeitsgemeinschaft für Traumapädagogik 2011). Dazu ist es notwendig, das Selbstverstehen zu fördern, indem den Betroffenen Wissen über Traumata und damit Verständnis für das eigene Verhalten und Empfinden vermittelt wird, um so die Voraussetzung zu schaffen, dass die Betroffenen sich selbst akzeptieren können. Auch Körper- und Sinneswahrnehmungen sowie die Emotionsregulation müssen gefördert werden, um sich selbst zu spüren, insbesondere auch, um positive Empfindungen zu spüren und die Neigung zur Dissoziation zu minimieren. Emotionen sollen (wieder) wahrgenommen und adäquat ausgedrückt werden können. Um mehr Widerstandsfähigkeit aufzubauen, soll die Resilienz gestärkt werden und schließlich die Selbstregulation, indem sich die Kinder mit Dissoziationen und Wiedererleben auseinandersetzen, diese Erfahrungen verstehen lernen und Notfallstrategien erwerben, um damit umgehen zu können.

Der sichere Ort

Martin Kühn sieht in seiner »Pädagogik des sicheren Ortes« drei Grundaufgaben: Nachdem Traumatisierungen dazu führen, dass die Welt nicht mehr als sicher wahrgenommen wird, soll in der Einrichtung ein äußerer sicherer Ort geschaffen werden, der »verlässliche, einschätzbare und zunehmend zu bewältigende Lebensraum- und Alltagsbedingungen« bietet (Kühn 2008, S. 323). Die Kinder sollen das Umfeld als sicher erfahren und merken, dass es möglich ist, Vertrauen zu fassen und auch wieder einen »inneren« sicheren Ort aufzubauen. Dazu ist auch der »emotional-orientierte Dialog« wichtig: Bevor die Kinder lernen können, auf kognitive Apelle zu reagieren, ist es notwendig, dass sie wieder Zugang zu ihren Emotionen bekommen und sie differenziert ausdrücken lernen. So soll eine gemeinsame Kommunikation entwickelt werden, »um dem Kind einen ressourcenorientierten Zugang zu sich selbst und seinen Mitmenschen zu ermöglichen« (ebd., S. 324).

Auch die beteiligten Fachkräfte brauchen einen »geschützten Handlungsraum«, um die Aufgabe, die Kinder in ihrer Entwicklung zu unterstützen, gut bewältigen zu können, ohne selbst überfordert zu werden – der sichere Ort umfasst also alle Beteiligten.

5.7 Folgen für die Kita

Auch wenn Kinder mit Fluchterfahrungen mit einer höheren Wahrscheinlichkeit von Traumafolgestörungen betroffen sind als andere Kinder, sind Kitas doch mit Traumatisierungen schon immer konfrontiert gewesen. Dies wurde aber bis jetzt kaum als ihre Aufgabe wahrgenommen. Es bleibt zu hoffen, dass traumapädagogische Konzepte aufgrund des veränderten Bewusstseins für den Bedarf verstärkt Einzug in Kitas finden – gerade, weil davon auszugehen ist, dass es für Familien mit Fluchterfahrungen unter den gegebenen Lebensbedingungen (siehe Kapitel 3) eher schwer ist, ihren Kindern die notwendige Sicherheit und Stabilität zu geben: Die Erwachsenen sind zum Teil selbst von Traumafolgestörungen betroffen, die Familien wohnen häufig in Unterkünften, in denen Privatsphäre Mangelware ist, und durch unsichere Bleibeperspektiven wird die Situation weiter verschärft.

Auch wenn traumapädagogische Konzepte nicht von heute auf morgen in Kitas implementiert werden können, ist doch davon auszugehen, dass Kitas schon durch erste Informationen zu Traumatisierungen und ihren Folgen sowie der Relevanz der Stabilisierungsphase für die betroffenen Kitas helfen können, sich wieder handlungsfähiger zu fühlen. Viele der in der Traumapädagogik geforderten Förderziele finden sich direkt oder indirekt in Bildungsplänen und -leitlinien wieder und sind damit für pädagogische Fachkräfte keine grundsätzlich fremden Themen.

Zudem muss noch einmal betont werden, dass nur etwa jedes fünfte Kind mit Fluchterfahrungen eine Posttraumatische Belastungsstörung aufweist. Treten einzelne Symptome auf, sollte gut darauf geachtet werden, ob die Anzeichen für den Verdacht auf eine Traumafolgestörung ausreichen – einzelne Symptome wie zum Beispiel Schlafprobleme oder Konzentrationsstörungen können sehr wohl auch auf die Unterbringung in einer großen Unterkunft, in der es ständig laut ist, zurückgeführt werden. Während Fragen nach möglichen Traumatisierungen sehr heikel sind, ist es dennoch sinnvoll, sich bei den Eltern nach Erklärungsansätzen für bestimmte Verhaltensweisen ihrer Kinder zu erkundigen.

Konträr wird in Bezug auf den Umgang mit Traumata aktuell das Bilderbuch »Das Kind und seine Befreiung von der großen, großen Angst« von Susanne Stein diskutiert, das in mehreren Sprachen aus dem Internet herunterladbar ist und Kindern und Eltern beim Verstehen von Traumatisierungen helfen soll: Einerseits wird das Buch als gelungen und auch gut in der Kita einsetzbar betrachtet, andererseits wird betont, dass eine Nutzung des Buches ohne genaueres Hintergrundwissen zu kurz greife und kontraproduktiv sein kann. Festzuhalten ist auf jeden Fall, dass in diesem Buch Traumatisierungen (durch Krieg) und ihre Folgen eindrücklich dargestellt sowie konkrete Vorschläge zur Unterstützung traumatisierter Kinder enthalten sind. Das Bilderbuch eignet sich auf jeden Fall als Erstinformation für pädagogische Fachkräfte oder auch zur Besprechung des Themas mit älteren nicht-traumatisierten Kindergarten- und Hortkindern, um Verständnis für die Betroffenen zu wecken.

6.
Sprachliche Hürden und Ressourcen

In diesem Kapitel erfahren Sie

- dass alles Lernen, gerade auch der Spracherwerb, als Basis eine vertrauensvolle Beziehung benötigt
- wie der Erwerb einer zweiten oder weiteren Sprache verläuft
- wie Sprachförderung in der Kita aussehen kann
- welche Hilfen bei der Kommunikation mit Eltern, die kein oder kaum Deutsch sprechen, zur Verfügung stehen

Sprache wird oft als eine der größten Hürden genannt, wenn es um Kinder mit Fluchterfahrungen oder auch allgemein um Kinder mit Migrationshintergrund in der Kita geht. Sprache steht auch generell immer im Vordergrund, wenn von Integration die Rede ist.

Eigentlich sollte Sprachförderung von Kindern mit Migrationshintergrund für Kitas inzwischen kein Thema mehr sein: Im Jahr 2014 hatten 35 Prozent der in Deutschland lebenden Kinder zwischen null und zehn Jahren einen Migrationshintergrund, und seit der ersten Pisa-Studie im Jahr 2000 wurde Sprache zum wichtigsten Thema in der Diskussion um Chancengleichheit und Teilhabe. So wurden und werden zahlreiche Programme und Projekte entwickelt und durchgeführt, wie augenblicklich auf Bundesebene das Projekt »Bildung durch Sprache und Schrift« (BISS) oder das Bundesprogramm »Sprach-Kitas«. Allerdings hat gerade die Fülle der unterschiedlichen Programme, Materialien und Ansätze zu Unsicherheiten geführt: Welche Methode ist nun die beste? Was für Materialien sollte man nutzen? Und was wirkt besonders gut?

Wissenschaftliche Antworten dazu fallen eher ernüchternd aus: Viele der Materialien und Programme sind nicht evaluiert und diejenigen, die es sind, weisen häufig keine oder kaum Effekte auf. Das heißt, dass die in das Programm einbezogenen Kinder (fast) nicht mehr Fortschritte über die Zeit machen als Kinder, bei denen nicht auf Sprachförderung geachtet wird. Ein Faktor, der sich aber als Kennzeichen guter Sprachförderung über unterschiedliche Programme hinweg zeigt, ist die Interaktionsqualität (Koch & Jüttner 2012).

6.1 Basis Beziehung

Eine wichtige Voraussetzung für alles Lernen besteht darin, dass die Lernenden sich in ihrer Lernumgebung, in den dort befindlichen Räumen und Situationen sowie mit den dabei anwesenden Menschen wohlfühlen. Erst dann, wenn jemand angekommen ist und sich sicher fühlt, kann er sich vorbehaltlos auf neue Erfahrungen und Erlebnisse einlassen und sie auch wirklich aufnehmen.

Für Sprache gilt das in besonderem Maße auf der Beziehungsebene. Um Sprache zu erwerben und unser Wissen zu festigen, brauchen wir andere, mit denen wir sprechen können und wollen. Damit sind vor allem Menschen gemeint, die wir mögen, die uns ebenfalls schätzen und Interesse für uns und unsere Bedürfnisse zeigen. Daher ist es sinnlos, eine wie auch immer geartete Sprachförderung zu starten, solange noch keine vertrauensvolle Beziehung aufgebaut ist.

Pädagogische Fachkräfte, die bis jetzt wenig Erfahrungen mit nicht oder kaum Deutsch sprechenden Kindern haben, fragen sich oft, wie ohne Sprache ein guter Beziehungsaufbau gelingen kann. Meist ist das aber kein großes Problem: Die ersten zwei Lebensjahre sind alle Kinder darauf angewiesen, in der Interaktion auf nonverbale Mittel zuzugreifen, um ihre Bedürfnisse zu kommunizieren oder zu verstehen, worum es dem anderen geht. Danach wird Sprache zwar immer wichtiger, die Kinder nutzen aber noch vielfach auch nonverbale und kontextuelle Hinweisreize in der Kommunikation. So greifen selbst gut sprechende Kinder schnell wieder auf ihr altes Repertoire nonverbaler Verhaltensweisen zurück, wenn dies notwendig und/oder sinnvoll ist.

Je älter Kinder sind, desto mehr können sie aber auch selbst das Gefühl haben, dass Kommunikation und Beziehung ohne Sprache kaum möglich sind. Dann sind pädagogische Fachkräfte gefragt, die ihnen zeigen, dass dem nicht so ist.

Verstehen ohne Worte: eine Laubschlacht als Schlüsselsituation

Im letzten Kita-Jahr kam ein fünfjähriges Mädchen in die Kita, dessen Familie noch nicht lange in Deutschland lebt. Aida scheint ein offenes und neugieriges Kind zu sein und knüpft im Spiel auch schnell vorsichtige Kontakte zu anderen Kindern. Gegenüber den Erzieherinnen reagiert sie aber sehr unsicher, und bei Gruppenaktivitäten wie dem Morgenkreis wird Aida manchmal sichtlich traurig und sitzt passiv dabei. Gesten verwendet sie überhaupt nicht.

Die Erzieherinnen wissen aus Erfahrung, dass dieses Verhalten sehr untypisch ist. Denn häufig sind es ritualisierte Gruppenaktivitäten, bei denen die Kinder schnell und gerne aktiv gerade Bewegungen mitmachen, da sie über »Abschauen« gut erfassen, was gefragt ist. Auch als ein Kind, mit dem Aida schon Kontakt hatte, sie immer wieder nonverbal ermuntert, doch beim Fingerspiel mitzumachen, wird sie eher noch trauriger. Es entsteht der Eindruck, dass Aida das Gefühl hat, ohne Sprache in diesen Situationen und den Erwachsenen gegenüber völlig hilflos zu sein.

Die Ausgangslage ändert sich jedoch nach einigen Tagen durch eine Schlüsselsituation: Im Garten der Kita wird ein hoher Laubhaufen zusammengerecht, und es entwickelt sich eine Laubschlacht, an der auch die Gruppenleitung und eine Erzieherin teilnehmen und Aida einbeziehen. Sie hat sehr viel Spaß dabei, die Erwachsenen mit Laub zu bewerfen und selbst beworfen zu werden. Der nächste Tag beginnt damit, dass Aida auf die Erzieherin zukommt, Motorengeräusche nachahmt, pantomimisch die Hände am Lenkrad hat – und dann auf den Flur zeigt. Die Erzieherin erlaubt ihr daraufhin, im Gang Auto zu fahren ...

6.2 Der Erwerb einer zweiten oder weiteren Sprache

Häufig wird in Deutschland mehrsprachiges Aufwachsen als problematisch und risikobehaftet angesehen. Dazu ist anzumerken, dass etwa die Hälfte der Weltbevölkerung mehrsprachig aufwächst. In vielen Ländern wird mehr als eine Sprache gesprochen, und so lernen Kinder häufig zwei und zum Teil sogar mehrere Sprachen im Verlauf ihres Aufwachsens: Mehrsprachigkeit an sich kann also gar kein Entwicklungsrisiko darstellen.

Rosemarie Tracy (2008) weist darauf hin, dass auch bestimmte Sprachenkombinationen sehr unterschiedlich wahrgenommen werden: Kommt ein bisher ausschließlich englisch sprechendes Kind in die Kita, so werden deutlich weniger Sorgen geäußert – und es wird vielleicht sogar für seine geringen Deutschkenntnisse gelobt – als es bei ausschließlich türkisch sprechenden Kindern der Fall ist. Hier werden geringe Deutschkenntnisse schnell als problematisch für die Schullaufbahn eingestuft.

Daran zeigt sich deutlich, dass in der Integrations- und Bildungschancen-Debatte zwar Sprache im Vordergrund steht, Probleme und Sorgen aber primär in Bezug auf Kinder geäußert werden, bei denen entweder große kulturelle Unterschiede oder aber ein geringer Bildungsstand und/oder ein niedriger ökonomischer Status angenommen werden.

Grundlegendes zum Spracherwerb

Grundsätzlich verläuft der Erwerb der ersten Sprache in allen Sprachen etwa gleich: Schon pränatal beginnt der Erwerb der Prosodie, also der Erwerb von Wissen darüber, wie und wo Pausen und Betonungen gesetzt werden, in welchem Rhythmus und mit welcher Melodie gesprochen wird. Im ersten Lebensjahr wird dieses Wissen weiter ergänzt, und auch die Laute werden immer muttersprachlicher. So sind im Lallen am Ende des ersten Lebensjahres deutlich muttersprachliche Silben, Laute und Prosodie erkennbar. Mit einem Jahr können Kinder aufgrund der Prosodie in der Regel erkennen, ob eine Äußerung grammatikalisch richtig oder unrichtig ist und wissen, welche Laute in ihrer Muttersprache bzw. ihren Muttersprachen vorkommen.

Im zweiten Lebensjahr steht der Erwerb von Wörtern im Vordergrund: Zunächst lernen Kinder mühsam einzelne Wörter. Wenn dann die ersten 50 Wörter erworben sind, kommt es zum Wortschatzspurt, das heißt, täglich werden Wörter dazugelernt. Im dritten und vierten Lebensjahr wird dann die Kerngrammatik der Sprache erworben. Alle grammatischen Regeln und Strukturen, die man für Alltagsgespräche benötigt, sind Kindern in der Regel mit vier Jahren geläufig. In den nächsten Jahren steht dann der Erwerb von Gesprächs- und Textstrukturen im Vordergrund.

Selbstverständlich sind diese Zeitangaben nur als grobe Richtlinien zu verstehen; zudem entwickeln sich sämtliche sprachlichen Bereiche in den nächsten Lebensjahren weiter: So produzieren Kinder den Laut [sch] im Deutschen zum Teil erst mit etwa fünf Jahren korrekt, der Wortschatz entwickelt sich ein Leben lang, und auch die Grammatik wird bis ins Erwachsenenalter um spezielle Regeln und Strukturen ergänzt.

Zum Erwerb weiterer Sprachen

Der Erwerb der zweiten Sprache erfolgt grundsätzlich in der gleichen Abfolge wie der Erstspracherwerb. Da die Kinder aber gegebenenfalls Vorwissen aus der Erstsprache auf die neue Sprache übertragen können, können die Phasen dabei sehr viel schneller hintereinander ablaufen. So beginnen Kindergarten- und Hortkinder, die ohne Deutschkenntnisse in die Kita kommen, in der Regel nach etwa drei Monaten damit, in Sätzen zu kommunizieren.

Dabei kann es zu Sprachmischungen kommen: Wenn die Kinder ein Wort oder eine Struktur in einer Sprache nicht kennen, verwenden sie die entsprechende Wendung aus der anderen Sprache (»I'm glaubing, dass ...«). Dazu kommt es nicht bei allen Kindern; grundsätzlich ist es aber völlig normal, wenn Sprachmischungen auftreten.

Zudem können Interferenzen zwischen den Sprachen vorkommen: Wenn es Wörter oder Regeln gibt, die sich zwar ähneln, aber nicht völlig identisch sind, kann es sein, dass bestimmte Formen einfach von der einen Sprache in die andere übertragen werden. Besonders oft kommt das im Deutschen beim grammatischen Geschlecht vor, also bei den Artikeln: Heißt es in der Muttersprache wie im Italienischen zum Beispiel *la luna*, ist die Wahrscheinlichkeit hoch, dass Kinder im Deutschen *die Mond* verwenden. Auch die sogenannten »false friends« sind hier zu nennen: Das Italienische *caldo* bedeutet dummerweise »warm«, das englische *become* meint »werden« und nicht »bekommen« ... Hier werden sehr schnell Fehler gemacht, und auch bei grammatischen Strukturen kommt es zu solchen Übertragungen. Eines der bekanntesten Beispiele dürfte wohl Trapattonis *Ich habe fertig* (abgeleitet von *Ho finito*) sein.

Kinder, die nicht sprechen

Obwohl die meisten Kinder sich in der Regel nach einigen Monaten an Gesprächen beteiligen, gibt es dennoch auch immer wieder Kinder, die relativ lange gar nicht auf Deutsch kommunizieren, auch nicht mit einzelnen Wörtern. Warum das so ist, ist unklar. In der Regel kommunizieren diese Kinder nonverbal mit den pädagogischen Fachkräften. Man merkt zwar, dass sie mit der Zeit (wie die anderen Kinder auch) immer mehr verstehen, aber sie sprechen nicht. Es entsteht der Eindruck, dass sie »Perfektionisten« sind und die zweite Sprache nicht benutzen möchten, bevor sie nicht sicher sind, ob sie sie korrekt verwenden und/oder aussprechen. Häufig beginnen diese Kinder irgendwann mitzusingen und/oder mit anderen Kindern zu sprechen, brechen aber in der Regel ab, wenn sie sich von Erwachsenen beobachtet fühlen. Oft berichten auch die Eltern, dass die Kinder zu Hause in der Kita gelernte Lieder singen oder Fingerspiele vorführen. Meist hält dieses Verhalten nicht länger als ein Jahr an.

Einflussfaktoren auf den Spracherwerb

Manche Wissenschaftler gehen davon aus, dass eine zweite Sprache, je nach Beginn des Erwerbs, unterschiedlich gelernt wird. In der Regel werden dabei drei Phasen angesetzt: Wird mit dem Erwerb vor dem dritten Geburtstag begonnen, so wird angenommen, dass die zweite Sprache wie eine Erstsprache erlernt wird (bilingualer Erwerb). Bei einem Erwerb ab dem dritten Lebensjahr wird vermutet, dass die zweite Sprache auf der ersten aufbaut und damit der Erwerbsverlauf auch von der Erstsprache abhängt (früher Zweitspracherwerb). Ab dem Alter von zwölf Jahren werden die gleichen Erwerbsmechanismen wie bei Erwachsenen angenommen (später Zweitspracherwerb). Das bedeutet nicht, dass Kinder ab drei oder ab zwölf Jahren eine weitere Sprache nicht perfekt beherrschen lernen können; allerdings ist es weniger wahrscheinlich als bei Kindern, die vor dem dritten Geburtstag mit dem Erwerb begonnen haben, und es zeigen sich auch Unterschiede im Erwerbsverlauf.

Auch wenn vieles für unterschiedliche Verarbeitungsstrategien in unterschiedlichem Alter spricht, weisen Untersuchungen darauf hin, dass auch weitere Faktoren eine wichtige Rolle spielen: So zeigen sich zum Beispiel bei Kindern, die zwar von Geburt an mit zwei Sprachen aufwachsen, bei denen aber eine Sprache deutlich weniger präsent ist als die andere, ähnliche Entwicklungsverläufe wie bei Kindern, die erst ab dem dritten Geburtstag mit dem Erwerb der zweiten Sprache beginnen.

Für Erwachsene nennt Thomas Klein (2000) folgende Faktoren, die die Qualität des Erwerbs mitbestimmen: die grundlegende Fähigkeit, Sprache zu erwerben (allgemeine und sprachspezifische physiologische und psychologische Voraussetzungen), den Zugang zur neuen Sprache, also die Qualität und Quantität des Inputs, und schließlich noch den Antrieb, warum die neue Sprache gelernt wird bzw. werden soll. Der Antrieb, also die Motivation, eine Sprache zu lernen, setzt sich aus vielen Komponenten zusammen. Die wichtigsten sind das Bedürfnis, sich sozial zu integrieren (zum Teil auch nicht als »fremd« wahrgenommen zu werden), die Notwendigkeit, in der Sprache zu kommunizieren, die Einstellung, die man zu der zu lernenden Sprache, ihren Sprechern und dem gesellschaftlichen/kulturellen System hat, in dem sie gesprochen wird, sowie der eigene Bildungsanspruch. Ähnliches kann auch für Kinder angenommen werden.

Schwellenniveau- und Interdependenzhypothese

Häufig wird davon ausgegangen, dass ab einem bestimmten Zeitpunkt die Qualität der Erstsprache ein wichtiger Indikator für den erfolgreichen Erwerb der zweiten Sprache ist. Grundlage dafür sind die Schwellenniveau- und die Interdependenzhypothese nach James Cummins (1982). Die Interdependenzhypothese versucht zu erklären, wie erste und zweite Sprache zusammenhängen, während die Schwellenniveauhypothese aufzeigt, wie sich unterschiedliche Ergebnisse des Erst- und Zweitspracherwerbs kognitiv auswirken.

Grundsätzlich besagt die Interdependenzhypothese, dass eine Zweitsprache dann besser gelernt werden kann, wenn die Erstsprache gut beherrscht wird (natürlich auch immer in Abhängigkeit zu anderen Faktoren). Das gilt nicht nur für den Entwicklungsstand in der Erstsprache zu Beginn des Zweitspracherwerbs, sondern auch darüber hinaus, sodass die Erstsprache auf keinen Fall mit der Zeit vernachlässigt werden sollte. Auch deswegen sollten Eltern ermutigt werden, ihre Kinder in der Erstsprache zu fördern.

Dies scheint nach der Schwellenniveauhypothese umso wichtiger: Danach wirkt sich nämlich das sprachliche Niveau in beiden Sprachen auch auf die kognitiven Fähigkeiten des Kindes aus. In diesem Zusammenhang werden drei Niveaus angenommen: Bei der sogenannten doppelten Halbsprachlichkeit wird sowohl die erste als auch die zweite Sprache schlecht beherrscht. Hier kommt es zu negativen kognitiven Effekten, die sich auf die Schullaufbahn auswirken. Bei der dominanten Mehrsprachigkeit werden beide Sprachen gut beherrscht, wobei eine weniger perfekt als die andere erworben wurde. Hier zeigen sich weder negative noch positive kognitive Effekte. Von additiver Mehrsprachigkeit wird dann gesprochen, wenn beide Sprachen sehr gut beherrscht werden und es dadurch zu positiven kognitiven Effekten und Auswirkungen auf die Schullaufbahn kommt.

Ob und inwieweit insbesondere die Schwellenhypothese wirklich Bestand hat, ist umstritten. Grundsätzlich wird aber davon ausgegangen, dass es eine Beziehung zwischen Erst- und Zweitsprache gibt und somit die Förderung oder zumindest Wertschätzung der Erstsprache sinnvoll ist.

6.3 Sprachförderung in der Kita

Wie schon erwähnt, wurden im letzten Jahrzehnt zahlreiche Projekte, Programme und Konzepte zur Sprachförderung mehrsprachiger Kinder entwickelt und durchgeführt:

Additive versus alltagsintegrierte Sprachförderung

Grundsätzlich können die vorhandenen Konzepte und Programme zwei verschiedenen Ansätzen zugeordnet werden: Der erste Ansatz geht davon aus, dass für einen gelingenden Zweitspracherwerb zumindest für einen Teil der Kinder spezielle Hilfen sinnvoll sind. Diese geschieht zusätzlich (additiv) zum normalen Alltag in der Kita. Die Förderung hat einen festgelegten zeitlichen Umfang und beruht (mehr oder weniger stark) auf vorgegebenen Übungen und Methoden. Dabei wird mit einer relativ homogenen Kleingruppe gearbeitet, die entweder nur Kinder mit Migrationshintergrund oder allgemein Kinder mit sprachlichen Defiziten umfasst. Um zu erkennen, wer eine Förderung braucht, werden im Vorfeld Sprachstandsfeststellungen durchgeführt. Die Fördereinheiten werden zum Teil von externen Personen durchgeführt, die nur dafür in die Kita kommen.

Der zweite Ansatz betrachtet Sprachförderung als Querschnittsaufgabe, die sich durch den gesamten Kita-Alltag ziehen soll. Alltagsintegrierte Sprachförderung geht davon aus, dass Kinder am besten im Alltag lernen – und zwar dann, wenn sie selbst Zeitpunkt und Thema des Lernens bestimmen. Zudem wird angenommen, dass eine permanente Förderung über den gesamten Tag sinnvoller ist als in begrenzten Zeiteinheiten. Es werden Methoden und Strategien angegeben, wie kommunikative Situationen in der Kita sprachförderlich genutzt werden können, und wie der Tagesablauf und die Räume so gestaltet werden können, dass sich möglichst viele sprachförderliche Situationen ergeben. Sprachförderung ist hier eher als sprachliche Bildung zu verstehen, wobei jedes Kind in der Kita von der Förderung profitieren kann. Bei alltagsintegrierter Sprachförderung spielt Beobachtung eine große Rolle: Die pädagogischen Fachkräfte müssen nicht nur die sprachlichen Stärken und Schwächen des Kindes, sondern auch seine Kompetenzen in anderen Bildungsbereichen und seine Interessen kennen, um die Förderung individuell abstimmen zu können.

In der Praxis erweist sich die Unterscheidung zwischen additiver und alltagsintegrierter Sprachförderung schwieriger als in der Theorie, da es zahlreiche Zwischenformen gibt: Ist nun eine Bilderbuchbetrachtung, die in einer Kleingruppe mit Kindern etwa des gleichen Sprachstandes stattfindet und bei der als Methode die dialogische Bilderbuchbetrachtung gewählt wurde, noch alltagsintegriert? Wenn Übungen aus einem additiven Programm in den Morgenkreis eingebaut werden, ist die Sprachförderung dann schon alltagsintegriert? Zum Teil werden zudem die gleichen Methoden und Strategien (z. B. das korrektive Feedback) sowohl in den Programmen als auch in der Sprachförderung im Alltag verwendet.

Welche der beiden Formen nun Sprache besser fördert, ist nicht geklärt: Wie bereits erwähnt, wurden nur wenige der vorhandenen Konzepte evaluiert (vor allem additive Programme), und die meisten konnten keinen oder nur einen sehr geringen Effekt aufweisen. Zwar sprechen Untersuchungen dafür, dass eine qualitativ hochwertige sprachförderliche Interaktion eine große Rolle spielt; hier ist aber noch nicht klar, wie diese am besten in den Kita-Alltag implementiert wird: Es kann sein, dass eine qualitativ hochwertige Interaktion in speziellen Sprachfördereinheiten besser herzustellen ist als über den gesamten Alltag hinweg. So bleibt zu hoffen, dass im Rahmen von aktuell laufenden Studien zur Interaktionsqualität in Kitas bald aussagekräftigere Ergebnisse vorliegen werden.

Zwar hat aktuell fast jedes Bundesland für den Kindergarten (meist den Übergang zur Schule) ein additives Verfahren zur Sprachförderung von Kindern mit Migrationshintergrund bzw. sprachlichen Schwächen eingeführt, der Trend geht jedoch weg von additiven Verfahren hin zu einer alltagsintegrierten Form der Sprachförderung. Dies liegt wohl nicht nur an den wenigen nachgewiesenen Effekten der additiven Förderung, sondern auch daran, dass die alltagsintegrierte Form dem Bild des Lernens, des Kindes und den Aufgaben der pädagogischen Fachkräfte, wie sie in den Bildungsleitlinien oder -plänen der Bundesländer beschrieben sind, besser entspricht.

6.4 Alltagsintegrierte Sprachförderung I – Mündliche Kompetenzen

Sprachförderliche Interaktionsstrategien

Kern alltagsintegrierter Sprachförderung sind Interaktionsstrategien, die die Kinder im Spracherwerb unterstützen. Dazu gehören zum einen kind-orientierte Strategien, durch die die Kinder motiviert werden zu sprechen, weil ihre Impulse, Interessen und Bedürfnisse wahrgenommen werden und ihnen Raum gegeben wird, darüber zu kommunizieren. Eng damit im Zusammenhang stehen interaktionsfördernde Strategien, durch die die Kinder angeregt werden sollen (weiter) zu sprechen. Und schließlich gibt es noch sprachmodellierende Strategien, deren Ziel es ist, den Kindern ein gutes Sprachvorbild zu bieten.

Zu den kind-orientierten Strategien gehört das aktive Zuhören, bei dem der Zuhörer durch seine zugewandte Körperhaltung, Blickkontakt und verbale wie nonverbale Rückmeldungen zum Gesagten signalisiert, dass ihn das Gehörte interessiert und er ganz bei der Sache ist. Wichtig ist auch, dass Interaktionsversuche der Kinder grundsätzlich beachtet und damit wertgeschätzt werden – das kann auch bedeuten, dem

Kind zu signalisieren, dass ein Gespräch jetzt nicht möglich ist, sein Bedürfnis aber wahrgenommen wurde. »Ruhige« Momente im Gruppenalltag bieten sich für längere Gespräche mit Kindern an, und in Gruppensituationen sollte darauf geachtet werden, dass auch zurückhaltendere Kinder die Möglichkeit bekommen, sich verbal zu beteiligen, und sprachlich schwächeren und/oder unsichereren Kindern durch Pausensetzungen und langsames Sprechtempo Zeit gegeben wird, sich auch äußern zu können.

Sprechtempo und die Schnelligkeit des Sprecherwechsels – Wann ist der nächste Sprecher an der Reihe? – sind auch kulturell bedingt. So berichtet ein Lehrer, der aus Nordrhein-Westfalen stammt, aber inzwischen schon 20 Jahre in Baden-Württemberg lebt, dass er bei Familienzusammenkünften kaum zu Wort kommt, weil er immer zu spät ansetzt.

Zu den interaktionsfördernden Strategien gehört das Stellen offener Fragen: Häufig wird davon ausgegangen, dass es dabei darum geht, nicht nur Ja/Nein-Fragen oder Alternativfragen (Willst du Wasser oder Tee?) zu stellen, und alle W-Fragen (Wo? Wann? Was? Wie? ...) offene Fragen sind. Für die Krippe mag das zutreffen. Bei älteren Kindern geht es dabei jedoch um Fragen, die mehr als ein Wort als Antwort benötigen (Wie hat der das gemacht? Was passiert da? Warum fällt der um?).

Zudem sollten die Kinder zum Weiterreden animiert werden – zum Beispiel durch Nachfragen oder aber eine »auffordernde Pause«. Dazu gehört es auch, sie aktiv zu Äußerungen zu motivieren (Was meinst du dazu?). Besonders förderlich – nicht nur für den Spracherwerb, sondern für das Lernen insgesamt – sind Strategien, die die Kinder zum Denken anregen. Das geschieht insbesondere beim Philosophieren, beim Spekulieren (z. B. über den Ausgang eines Experiments oder das, was im Bilderbuch wohl passieren wird) und beim Fantasieren (z. B. Erfinden eigener Geschichten). Zum Denken regen aber auch Perspektivwechsel (Glaubst du, das hat dem Lukas gefallen?) oder das Einbringen eigener Erfahrungen und Ideen (Ich mache das immer so ...) an. Einen hohen Stellenwert hat hier auch die Partizipation: Je mehr Mitwirkungs- oder Mitbestimmungsrechte Kinder haben, desto mehr lohnt es sich für sie, zu kommunizieren. Das Gesagte hat dann direkte Auswirkungen auf die Umwelt und die Handlungsmöglichkeiten der Kinder, sodass die Motivation, mitzusprechen, dementsprechend groß ist.

Zu den sprachmodellierenden Strategien gehört das handlungsbegleitende Sprechen, bei dem die pädagogischen Fachkräfte entweder die eigenen Handlungen oder die des Kindes versprachlichen und so Wörter und Strukturen für das, was die Kinder erleben und was sie interessiert, zur Verfügung stellen. Andere sprachmodellierende Strategien sind Wiederholungen kindlicher Äußerungen in modifizierter Form: Beim korrektiven Feedback werden Äußerungen des Kindes aufgegriffen und zielsprachlich korrekt wiederholt (Da eine Auto is – Ja, da ist ein Auto). Die Äußerungen können auch erweitert werden (Da is ein Auto – Ja, da ist ein ganz schön großes Auto), um so das sprachliche Repertoire der Kinder zu vergrößern.

All diese Interaktionsstrategien zielen zwar darauf ab, dass die Kinder ihre sprachlichen Fähigkeiten verbessern. Grundsätzlich sollten die Kinder aber zunächst ermutigt werden, in irgendeiner Weise zu kommunizieren – egal, ob verbal oder nonverbal. Es wird davon ausgegangen, dass auch zunächst rein nonverbal interagierende Kinder auf Dauer zu sprechen beginnen, weil durch Sprache Wünsche, Bedürfnisse und Meinungen effektiver und präziser vermittelt werden können.

Zur Anwendung der Strategien

Sollte jetzt der Eindruck entstanden sein, sprachförderliche Interaktion bestehe darin, all diese Methoden möglichst oft über den Tag zu verwenden, so stimmt dies nur bedingt. Die Methoden müssen selbstverständlich nach dem sprachlichen Können der Kinder gewählt werden. Wenn Kinder kaum Deutsch sprechen, werden die meisten interaktionsfördernden Strategien sie überfordern und damit eher zum Schweigen als zum Sprechen bringen.

Gerade zu Beginn des Spracherwerbs eignet sich zum Beispiel handlungsbegleitendes Sprechen, um die Kinder mit Wörtern und Sätzen vertraut zu machen. Aber auch hier muss darauf geachtet werden, die Kinder nicht permanent mit Sprache zu überschütten, sondern Sprache dann anzubieten, wenn sie die Kinder auch aufnehmen können und wollen. So ist eine sprachliche Begleitung wie »Ach, du weinst?« vermutlich in den seltensten Fällen zielführend; Kinder brauchen in der Regel keine Feststellung ihres Zustandes, sondern eine mitfühlende Reaktion. Auch die Art der verwendeten Sprache muss auf die Fähigkeiten und das Alter des Kindes abgestimmt werden. Fällt etwas herunter, so kann es bei Krippenkindern sinnvoll sein, das mit »Bums! Runtergefallen!« zu kommentieren, während dies bei Hortkindern nur dann Sinn macht, wenn sie noch gar kein Deutsch sprechen.

Die Interaktionsstrategien müssen immer der Situation, dem Alter, dem Sprachstand und den Bedürfnissen der Kinder angepasst werden.

Interaktion mit Gleichaltrigen

Sprachförderlich ist nicht nur die Kommunikation der Kinder mit den pädagogischen Fachkräften, sondern auch die Interaktion mit Gleichaltrigen. Peers dienen sprachschwächeren Kindern als Vorbild, das nahe an ihren eigenen Fähigkeiten liegt. Studien zeigen, dass so gerade sprachschwächere Kinder von stärkeren profitieren. Um dieses Potenzial zu nutzen, sollte es im Kita-Alltag zahlreiche Gelegenheiten geben, miteinander zu kommunizieren. Besonders Rollenspiele sind als sprachförderliche Situationen hervorzuheben: Hier müssen zum einen die Rollen, Orte und auch bestimmte Inhalte des Spiels zwischen den Kindern ausgehandelt werden; außerdem können im Rollenspiel verschiedenste sprachliche Handlungsmuster und -stile spielerisch ausprobiert werden: Wie verläuft ein Gespräch beim Arzt? Wie spricht eine Prinzessin oder ein Räuber?

Pädagogische Fachkräfte haben im Rahmen der Interaktionen zwischen den Kindern insbesondere eine Funktion: Gerade Kinder, die Probleme haben zu kommunizieren, werden auch wenig von anderen ins Spiel mit eingebunden. Erzieherinnen und Erzieher können dafür sorgen, dass diese Kinder in Kontakt mit anderen Kindern kommen. Meist reicht es dazu schon aus, sich in der Freispielzeit den »isolierten« Kindern zuzuwenden und mit ihnen zu spielen. Häufig kommen dann weitere Kinder hinzu, und Kontakte können aufgebaut werden.

Weitere Merkmale alltagsintegrierter Sprachförderung

Auch wenn die Interaktion bei alltagsintegrierter Förderung im Mittelpunkt steht, so gibt es für diese Form der Unterstützung noch zahlreiche weitere Merkmale: Es geht darum, Räume so zu gestalten oder Aktivitäten auf eine Weise anzubieten, dass sprachförderliche Interaktion stattfinden können. So ist zum Beispiel die dialogische Bilderbuchbetrachtung eine Aktivität, in der Bilderbücher als Ausgangspunkt zu hochwertiger Interaktion genutzt werden.

Daneben werden Aktivitäten und Methoden vorgeschlagen, deren Sprachförderlichkeit nicht primär in der Interaktion steckt. Hier sind zum Beispiel Lieder, Reime und Fingerspiele zu nennen, die – ähnlich wie sprachmodellierende Aktivitäten – einen Zugang zu Wörtern und sprachlichen Strukturen schaffen. Gerade immer wiederkehrende Lieder und Reime, die im Idealfall noch von (Mit-)Bewegungen begleitet werden, befähigen Kinder mit sehr geringen Sprachkenntnissen schnell, trotzdem teilzunehmen und sich mit der Zeit, Stück für Stück, die verwendete Sprache zu erschließen.

6.5 Alltagsintegrierte Sprachförderung II – Literacy

Neben mündlichen Fähigkeiten, die durch hochwertige Interaktion in der Regel gut gefördert werden können, spielt Literacy eine große Rolle. Wörtlich bedeutet »Literacy« Lese- und Schreibkompetenz, umfasst aber auch Kompetenzen wie Textverständnis und Sinnverstehen, Vertrautheit mit Symbolen, Schrift und Büchern sowie Fähigkeiten beim Erzählen oder Verfassen schriftlicher Texte. Damit beginnt die Literacy-Entwicklung nicht erst in der Schule, sondern schon lange davor, wenn Kinder Erfahrungen mit Büchern, mit Zuhören und auch dem eigenen Erzählen machen. Wichtig ist, dass sie Wissen darüber erlangen, wozu Schrift sinnvoll genutzt werden kann (Notizen zur Erinnerung, Wissensvermittlung, Festhalten und Zugänglich-Machen von Geschichten, Gedanken ...) und wie sie aufgebaut ist (Bücher liest man von vorne nach hinten, Zeilen von links nach rechts, Buchstaben stehen für Laute ...).

Auch das Wissen darüber, dass Schriftsprache und gesprochene Sprache zum Teil unterschiedliche Wörter (nix – nichts), Regeln und Strukturen umfassen, unterstützt später den eigentlichen Schriftspracherwerb: So wird im Deutschen für die Vergangenheit im Mündlichen vor allem das Perfekt (Ich habe gesagt, ich bin gelaufen ...) verwendet, im Schriftlichen eher das Imperfekt (Ich sagte, ich ging ...). Kindern, denen viel vorgelesen wird, sind diese Unterschiede geläufig; sie kennen und verstehen schriftliche Sprache bereits und haben damit einen leichteren Zugang zu den zu erlesenden Texten.

Bei der Literacy-Entwicklung spielen die familiären Vorerfahrungen eine große Rolle. Je wichtiger Bücher, Schreiben und Lesen in der Familie sind, desto wahrscheinlicher ist es, dass der Schriftspracherwerb in der Schule gut gelingt. Kitas sind hier also gefragt, diesen Unterschied auszugleichen. Auch Literacy-Erfahrungen aus der Erstsprache können hier teilweise übertragen werden, wobei es ebenfalls zu Interferenzen kommen kann.

Bücher liest man von ...

Eine Erzieherin aus Südtirol erzählt, dass sie für ihre Gruppe, in der vergleichsweise viele arabisch-sprechende Kinder sind, nun zum ersten Mal ein arabisches Bilderbuch ausgeliehen und eine Mutter gebeten hat, daraus vorzulesen. Bevor die Vorlesestunde beginnt, möchte die Erzieherin das Buch schon einmal mit den Kindern anschauen und besprechen. Doch hat sie unerwartet große Probleme damit, aus den Bildern die Geschichte zu konstruieren. Warum, wird klar, als die Mutter zum Vorlesen kommt und das Buch von hinten beginnt ...

Zu Literacy gehört auch die phonologische Bewusstheit, also die Fähigkeit, Silben klatschen zu können, zu reimen oder einzelne Laute zum Beispiel am Anfang eines Wortes zu erkennen. Grundlegend für den Erwerb der deutschen Schrift ist es, zu begreifen, dass einzelne Buchstaben oder Buchstabenfolgen Lauten zugeordnet werden können, und diese Zuordnung zu erlernen. Bei der Orthographie spielen zudem bestimmte Eigenschaften der Laute und die Prosodie eine Rolle (Wird der Laut kurz oder lang gesprochen? Wird die Silbe betont oder nicht?). Voraussetzung für einen erfolgreichen Erwerb ist hier also auch das Erkennen-Können (nicht unbedingt die korrekte Aussprache) der Laute und der Prosodie. Nachdem in unterschiedlichen Sprachen auch unterschiedliche Laute verwendet werden, ist es für Kinder mit geringen Deutschkenntnissen hilfreich, auf die einzelnen Laute genauer einzugehen. Wie fühlt sich ein »s« an? Was macht die Zunge dabei? Vibrieren die Stimmlippen oder nicht (spürbar am Kehlkopf)? So kann den Kindern bewusst gemacht werden, dass bestimmte Unterschiede, die in ihrer Herkunftssprache vielleicht nicht wichtig sind oder gar nicht existieren, im Deutschen beachtet werden müssen.

6.6 Bildungs- und Erziehungspartnerschaft mit Eltern, die kein oder kaum Deutsch sprechen

Auch Kitas, die schon viel Erfahrung mit mehrsprachigen Kindern haben, müssen häufig feststellen, dass es in der Kommunikation mit den Eltern immer noch Probleme gibt. So ist es zwar einfach, den Eltern vergleichsweise schnell bestimmte Fakten zu vermitteln – zum Beispiel, dass das Kind eine Matschhose braucht, was zum Ausflug mitzubringen ist und wo man sich trifft oder dass die Kita morgen geschlossen ist. Schwierig wird es in der Regel dann, wenn es um komplexe Themen geht: um die Entwicklung des Kindes oder wenn pädagogische Fachkräfte und Eltern sich über Verhaltensweisen der Kinder austauschen wollen.

Viele kleine, konkrete Dinge können erstaunlich gut auch über Gesten, Schlüsselwörter und »Pantomime« vermittelt werden, aber gerade inhaltliche Konzepte, Vorstellungen und Erwartungen sind auf diese Weise kaum verständlich kommunizierbar. Grundsätzlich gilt auch in der Interaktion mit den Eltern: Je besser die Beziehung, desto mehr sind beide Seiten bereit, sich zu bemühen, und desto eher werden Hemmungen überwunden, sodass die Kommunikation gut gelingen kann.

Kleine Hilfen bei einfachen Themen

Die wichtigsten Helfer in der Alltagskommunikation sind – wie für die Kinder auch – nonverbale Mittel, häufig Hände und Füße. Pantomimisch, mithilfe von einzelnen Wörtern und durch Zeigen kann vieles geklärt werden. Auch deutschsprachige schriftliche Mitteilungen können hilfreich sein: Eltern fotografieren zum Beispiel Aushänge in der Kita oft ab und bitten dann später andere, zu übersetzen; eine weitere Variante ist, schriftliche oder auch mündliche Mitteilungen mithilfe des Smartphones direkt zu übersetzen.

Pantomime und Smartphone

Nachdem die Pädagogin mit einer Mutter aus Syrien die ersten Wochen zwar mühsam, aber recht erfolgreich mit Händen und Füßen kommuniziert hatte, beginnt die Mutter, ihr Smartphone einzusetzen. Häufig sind die Übersetzungen aber so schlecht, dass sich die beiden trotzdem nicht verstehen und die Äußerungen umformuliert wieder und wieder eingegeben. Doch das dauert vermutlich auch nicht länger als die Unterhaltung mit Händen und Füßen. Und manche Fragen, die vorher nicht stellbar/beantwortbar waren, können nun geklärt werden (zum Beispiel, wohin ein Spaziergang geht). Der Beziehungsaspekt der Kommunikation leidet aber deutlich: Statt einander anzusehen und über Missverständnisse und Hilflosigkeiten gemeinsam zu lachen, steht nun das Handy im Mittelpunkt. So kehren die beiden relativ schnell wieder zur Pantomime zurück, das Handy kommt nur noch sporadisch zum Einsatz. Inzwischen ist das Deutsch der Mutter so gut, dass auch Pantomime kaum mehr eine Rolle spielt.

Gute kleine Helfer, um Eltern in ihrer Sprache zu informieren, stellen auch Dolmetscher-Bücher für Erzieherinnen und Erzieher dar, in denen sich wichtige Wörter und Sätze für die Kita in verschiedenen Sprachen finden (siehe Sauer & Weber 2006). Eine andere Möglichkeit, um Eltern zum Beispiel verständlich zu machen, was sie mitbringen sollen, oder einen Arztbesuch dringlich zu machen, weil möglicherweise eine ansteckende Krankheit vorliegt, sind Bildwörterbücher (siehe Specht & Forßmann 2010).

Die erwähnten kleinen Hilfen sind jedoch bei Gesprächen, in denen es um Vorstellungen von Erziehung, die Entwicklung der Kinder oder gemeinsame Überlegungen zur Förderung bestimmter Kompetenzen geht, nicht wirklich geeignet. Aber auch hier gibt es Möglichkeiten, die eine erfolgreiche Kommunikation unterstützen:

Übersetzer und Ehrenamtliche

Von staatlicher Seite sind in der Regel keine Gelder für Dolmetscher vorgesehen; manchmal stellen die Träger Mittel zur Verfügung oder aber Migrationsdienste und gemeinnützige Institutionen übernehmen die Kosten bzw. kümmern sich um einen geeigneten Dolmetscher.

Eine Möglichkeit besteht für die Kita darin, sich selbst ein eigenes Netzwerk von Dolmetschern – bestehend aus anderen oder ehemaligen Eltern und Ehrenamtlichen – aufzubauen. Hier muss allerdings bedacht werden: Wenn es sich nicht um professionelle Übersetzer und Übersetzerinnen handelt, ist nicht garantiert, dass die Übersetzungen völlig korrekt sind. Insbesondere bei Eltern besteht die Gefahr, dass sie beim Übersetzen auch ihre eigene Meinung zum Thema zum Ausdruck bringen. Oft rutschen zudem die Übersetzer in die Rolle der Ansprechpartner – eine »echte« Kommunikation mit den Eltern findet dann nur bedingt statt.

Zudem ist zu bedenken, dass es für die Betroffenen sehr schwierig sein kann, im Beisein anderer Eltern (auch wenn sie als Übersetzer fungieren) sensible Themen zu behandeln. Die betroffenen Eltern müssen deshalb schon im Vorfeld in etwa wissen, um was es gehen wird, damit sie auf dieser Grundlage entscheiden können, ob sie die Unterstützung der Übersetzer in Anspruch nehmen wollen.

Immer wieder bringen Eltern auch selbst Freunde oder Verwandte mit, die für sie übersetzen sollen; der Problempunkt der Vertraulichkeit ist dann zwar in der Regel ausgeräumt, alle anderen potenziellen Probleme können aber nach wir vor entstehen.

Wenn es niemanden gibt, der übersetzen kann, können auch Ehrenamtliche, die mit der betreffenden Familie zu tun haben, hilfreich sein: Sie stehen zwar genau vor den gleichen Kommunikationshürden wie die pädagogischen Fachkräfte, haben aber oft eine sehr gute Beziehung zu den Familien und wissen über deren Situation Bescheid, sodass sie gut einschätzen können, wie welche Themen am besten vermittelbar sind. In solchen Fällen finden oft intensive »Nachbesprechungen« zwischen den Ehrenamtlichen und den Betroffenen statt, in denen die Ehrenamtlichen auch grundlegendes Wissen zum Beispiel über die Funktion von Kitas im Bildungssystem vermitteln, das zum Teil Basis für das eigentlich Besprochene ist. Aber auch hier gilt es, die bei nicht-professionellen Übersetzern genannten Aspekte zu bedenken.

Wenn nur der »Dolmetscher« zum Ansprechpartner wird ...

Eine Ehrenamtliche unterstützt eine Familie mit Fluchterfahrung dabei, ihr Kind in der Schule anzumelden. Die Rektorin fragt sie zu Beginn des Gesprächs, woher sie Kontakt zur Familie habe. Die Ehrenamtliche antwortet, dass der Onkel – ebenfalls Flüchtling – bei ihr zur Untermiete wohnt. Daraufhin erkundigt sich die Rektorin genauer nach dem Onkel. So sind bei der Schulanmeldung das Kind und die Familie, um die es geht, zunächst völlig aus dem Gespräch ausgeschlossen.

Arbeit mit Fotos und Filmen

Eine andere Möglichkeit, den Kita-Alltag, die Entwicklung, das Verhalten, die Kompetenzen und Interessen des Kindes in der Kita zu vermitteln, stellen Fotos oder Filme dar. Foto-Lerngeschichten oder kurze Videos eignen sich sehr gut für Entwicklungsgespräche oder zur Besprechung problematischer Situationen. Hier sehen die Eltern, was passiert; mithilfe der Fotos oder des Videos kann dann weiter darüber kommuniziert werden. Sehr hilfreich ist dabei der Einsatz von Tablets. Aufnahmen können zwar ebenso gut mit dem Fotoapparat und/oder einer Videokamera gemacht werden, in diesem Fall müssen aber die Filme erst auf den Computer oder Laptop überspielt werden, während dies bei Tablets nicht notwendig ist.

Hospitationen

Ein weitere Möglichkeit, Eltern zu vermitteln, was und wie in der Kita gearbeitet wird, stellen Hospitationen dar. Die Eltern erleben den Tagesablauf in der Kita selbst und haben damit einen guten Einblick, was wie dort passiert. Die pädagogischen Fachkräfte haben bei Hospitationen zudem die Möglichkeit, Eindrücke vom Umgang in der Familie miteinander zu erhalten.

7. Kulturelle Hürden und Ressourcen

In diesem Kapitel erfahren Sie

- was unter Kultur eigentlich zu verstehen ist
- dass mit Kulturzuschreibungen fast immer auch Bewertungen einhergehen
- Grundlegendes über die pädagogischen Ansätze zu (kultureller) Vielfalt
- wie die unterschiedlichen Lebenswelten der Familien in der Kita präsent sein können
- welche kulturellen Hürden in der Zusammenarbeit mit Eltern auftreten können

In der Flüchtlingsdebatte wird immer wieder gefragt, ob und wie es gelingen kann, Menschen aus anderen Kulturkreisen in Deutschland zu integrieren. Erstaunlich dabei ist, dass der Begriff »Kultur« zwar ständig fällt, in der Regel aber nicht erklärt wird, was genau damit gemeint ist.

Ebenso werden mögliche kulturelle Barrieren vergleichsweise wenig thematisiert, wenn es um Kinder mit Fluchterfahrungen bzw. um Kinder mit Migrationshintergrund in Kitas geht. Im Vordergrund stehen die Fragen, wie unterschiedliche Verhaltensweisen, Vorstellungen und Werte sich auf die Zusammenarbeit mit den Eltern auswirken werden. Hier wird insbesondere diskutiert, wie muslimische Männer wohl damit zurechtkommen bzw. nicht zurechtkommen, in der Kita vor allem auf Frauen als Ansprechpartner und Entscheidungsträger zu treffen, und wie man mit den potenziell auftretenden Problemen umgehen kann.

Wenn es um die Kinder geht, werden immer wieder (meist »problematische«) Verhaltensweisen auf die elterliche Erziehung und die zugrundeliegende Kultur zurückgeführt. Ob und inwiefern aber eine Hinführung zur »deutschen Kultur« durch die Kita sinnvoll wäre und wie diese zu gestalten ist, wird selten überlegt.

Die starke Beachtung der Sprachbarriere und die vergleichsweise geringe Beachtung interkultureller Probleme spiegeln sich auch in der Literatur bzw. in speziellen Materialien zum Thema wider. Zwar gibt es eine relativ große Zahl von Veröffentlichungen zu interkulturellen Kompetenzen, aber vergleichsweise wenig spezielle Methoden und Materialien dazu, wie diese in der Kita thematisiert und bearbeitet werden können.

7.1 Was ist Kultur?

Der Kulturbegriff

Kultur ist ein in der Debatte über Flüchtlinge häufig verwendeter Begriff. Was aber ist damit genau gemeint? Bis heute gibt es keine eindeutige Definition. Laut Ansgar Nünning (2009) kann grundsätzlich zwischen vier Arten von Kulturbegriffen unterschieden werden, denen wiederum zahlreiche Definitionen zugeordnet werden können:

»Der normative (d.h. wertende und vorschreibende) Kulturbegriff beruht auf einer wertenden Gegenüberstellung beziehungsweise einer Auszeichnung bestimmter ästhetischer Phänomene, Objekte und Praktiken, die in einer Gesellschaft hochgeschätzt und durch Traditionsbildung bewahrt werden« (ebd.). Hier werden also insbesondere Kunst und Ästhetik als Ausdruck von Kultur verstanden; es werden Kanons aufgestellt, in denen die Werke zusammengefasst werden, die ein gebildeter Mensch kennen sollte. Damit geht eine starke Wertung einher (aus welchen Gründen wird ein Roman oder ein Bild in den Kanon aufgenommen?).

Der differenztheoretische Kulturbegriff beschränkt Kultur auf intellektuelle Tätigkeiten wie Kunst, Bildung und Wissenschaft. Kultur ist damit ein Teilsystem menschlicher Gesellschaften.

Beim totalitätsorientierten Kulturbegriff »meint der Begriff ›Kultur‹ den Inbegriff aller kollektiv verbreiteten Glaubens-, Lebens- und Wissensformen, die sich Menschen im Zuge der Sozialisation aneignen und durch die sich eine Gesellschaft von anderen unterscheidet« (ebd.). Hier herrscht ein nicht-wertender, ganzheitlicher Blick auf Kultur vor.

Wissenschaftlich am weitesten verbreitet ist ein bedeutungs- und wissensorientierter Kulturbegriff. Kultur wird hier als »von Menschen erzeugter Gesamtkomplex von Vorstellungen, Denkformen, Empfindungsweisen, Werten und Bedeutungen aufgefasst, der sich in Symbolsystemen materialisiert. Einer solchen Begriffsbestimmung zufolge sind nicht nur materiale (zum Beispiel künstlerische) Ausdrucksformen zum Bereich der Kultur zu zählen, sondern auch die sozialen Institutionen und mentalen Dispositionen, die die Hervorbringung solcher Artefakte überhaupt erst ermöglichen« (ebd.).

Diesem Begriffsverständnis wird hier im Großen und Ganzen gefolgt und Kultur so als Werte, Normen, Verhaltensweisen und Vorstellungen darüber, wie man mit Menschen und Dingen umgeht, verstanden.

Kulturzuschreibungen

Häufig wird einer nationalen, ethnischen oder religiösen Gruppe, zum Beispiel den Syrern, den Kurden oder den Moslems, eine bestimmte Kultur zugeschrieben, und Verhaltensweisen der Eltern oder Kinder werden dadurch erklärt. Dabei wird eine große Homogenität in diesen Gruppen unterstellt. Dass diese Vorstellung trügerisch ist, sieht man schon an den vielfältigen Unterschieden in biodeutschen Familien (mit diesem etwas gewöhnungsbedürftigen Begriff ist gemeint, dass beide Eltern ethnisch von deutschen Familien abstammen). In der Praxis kann auch bei homogen biodeutschen Kita-Gruppen selten davon ausgegangen werden, dass alle Familien der Einrichtung die gleichen Werte, Erziehungsstile und Verhaltensweisen teilen.

Deshalb wird hier davon ausgegangen, dass jede Familie ihre eigene Familienkultur pflegt. Parallelen zu anderen Familien gleicher Herkunft oder Religion können zwar als Vorannahmen herangezogen werden, aber erst intensivere Gespräche mit der jeweiligen Familie werden dazu führen, dass die Verhaltensweisen der Familien und Kinder adäquat interpretiert werden können.

Wenn Vorannahmen nicht stimmen …

Ein junger, syrischer Kurde berichtet, dass seine Schwester Fotografin ist, und er zeigt stolz Bilder seiner Nichten, 13 und 15 Jahre alt, die sie in Syrien gemacht hat. Die Fotos hätten auch aus westlichen Modezeitschriften stammen können. Die Mädchen wirken sehr erwachsen und sexy. In das in den Medien transportierte Bild der »syrischen Kultur« passt dieses Beispiel – und damit diese Familie – sicher nicht.

Gefahr der Kulturzuschreibung

Wenn Verhaltensweisen von Kindern einer Kultur zugeschrieben werden, geht damit in der Regel auch eine Bewertung einher. Wird zum Beispiel davon ausgegangen, dass Jungen aus dem arabischen Kulturkreis »alles dürfen« und zu »kleinen Paschas« herangezogen werden, so wird damit oft gleichzeitig den Familien unterstellt, dass sie rückständig und frauenfeindlich sind. Bei einem »deutschen« Kind, das sich genauso verhält, werden dagegen der Familie zwar oft mangelnde erzieherische Kompetenzen unterstellt, es wird in der Regel aber nicht geschlussfolgert, dass dieses Verhalten von den Eltern gezielt gefördert wird. Pädagogische Interventionen werden so häufiger durchgeführt werden als im Fall des türkischen Jungen.

Mehr als ein kulturelles Missverständnis

Zur Sprachfördergruppe gehört auch ein aus Syrien stammendes Mädchen, das stark auffällig ist. Sie hat große Konzentrationsschwierigkeiten, verfügt über keinerlei Impulskontrolle und weist alle Merkmale einer Entwicklungsverzögerung auf. Als die Pädagogin dies der Mutter gegenüber anspricht, stimmt diese sofort zu und berichtet, dass sie sich ebenfalls große Sorgen mache. Als Konsequenz spricht die Mutter dann in der Schule vor. Sie fragt nach, ob ihre Tochter nicht im Förderzentrum besser aufgehoben wäre oder ob es nicht andere Hilfen gäbe. Folge dieser Bemühungen: Die Schule nennt die Mutter in einem Artikel als Beispiel, um die Frauenfeindlichkeit von Syrern zu belegen – Mädchen seien so wenig wert, dass eine Mutter ihre Tochter sogar in die Förderschule abschieben wolle ...

7.2 Kulturelle Barrieren

Wenn man in einer kulturell vergleichsweise homogenen Umgebung groß wird, ist man sich im Normalfall nicht bewusst, dass die kulturelle Werte, Normen, Verhaltensweisen und Vorstellungen relativ willkürlich gesetzt sind. Sie sind selbstverständlich, das ist Norm(al). Verhaltensweisen von anderen Menschen werden grundsätzlich an der eigenen Kultur gemessen und so gegebenenfalls falsch interpretiert.

Einfach auf der Straße ansprechen?

Ein junger, gut englisch sprechender Flüchtling aus Syrien fragt zwei Ehrenamtliche, wie er Leute in Deutschland kennenlernen, wie er sie auf der Straße ansprechen könnte. Im Verlauf des Gesprächs stellt sich heraus, dass es in Syrien üblich ist, in einer fremden Stadt Leute einfach auf der Straße anzusprechen und sich nach der Familie zu erkundigen. Seine Gesprächspartnerinnen erklären ihm, dass dieses Verhalten in Deutschland nicht üblich ist und als aufdringlich, vielleicht sogar beängstigend wahrgenommen würde.

So kommt es immer wieder zu Missverständnissen und Irritationen, die dadurch entstehen, dass die Menschen von unterschiedlichen Grundannahmen ausgehen. Problematisch wird es dann, wenn nicht erkannt wird, dass diese Grundannahmen die Ursache für die Irritation sind; dann bleibt oft auf beiden Seiten der Eindruck, dass das Gegenüber schwierig, unhöflich oder distanziert ist. Ein typischer Stolperstein ist hier die Sach- versus Personenorientierung: In Deutschland steht bei eher formellen Anlässen, zum Beispiel bei Aufnahme- oder Elterngesprächen, Sachliches im Vordergrund. Privates oder persönliche Befindlichkeiten haben dabei wenig zu suchen. So wissen Eltern im Normalfall kaum etwas über das Privatleben derjenigen, die mit ihren Kindern arbeiten. Fragen zum Privatleben werden im Normallfall eher als unangemessen empfunden.

In stärker personenorientierten Kulturen ist es dagegen üblich, sich bei allen Gesprächen zunächst über das persönliche Befinden und Privates zu unterhalten. Damit wird gezeigt, dass man das Gegenüber wahrnimmt und wertschätzt.

So ist es sinnvoll, bei irritierendem Verhalten des Gegenübers nachzufragen, warum derjenige sich so verhält, um ihn besser zu verstehen. Das heißt nicht, dass man von seiner eigenen Kultur abweichen soll oder muss – es bedeutet nur zu akzeptieren, dass andere gegebenenfalls auch andere Werte, Normen und Verhaltensweisen aufweisen und sie deswegen nicht mit den Maßstäben der eigenen Kultur bewertet werden können und sollten.

7.3 Pädagogische Ansätze zu (kultureller) Vielfalt

Interkulturelle Pädagogik ist ein eigener Teilbereich der Pädagogik, der in Deutschland in den 1970er Jahren zunächst als »Ausländerpädagogik« seinen Anfang nahm und in dem sich unterschiedliche Strömungen herausgebildet haben.

Hier sollen kurz drei Ansätze vorgestellt werden, die sich mit dem Umgang mit kultureller Vielfalt in Kitas auseinandersetzen. Der erste Ansatz beschäftigt sich speziell mit Menschen aus unterschiedlichen Herkunftsländern und ist damit eindeutig in der interkulturellen Pädagogik zu verorten, während die anderen beiden Ansätze darüber hinausgehen: Hier sind Unterschiede, die auf unterschiedliche Herkunftsländer zurückzuführen sind, nur ein Aspekt unter vielen anderen möglichen Unterschieden wie Geschlecht, Behinderung oder Alter. Es handelt sich um zwei inklusive pädagogische Ansätze – den der pädagogischen Vielfalt und den der vorurteilsbewussten Erziehung und Bildung.

Kultursensitive Frühpädagogik

Die kultursensitive Pädagogik geht von zwei prototypischen Modellen von Bildungs- und Sozialisationszielen aus, durch die unterschiedliche Erziehungsvorstellungen und -weisen in der Welt erklärt werden können. Es handelt sich um das Modell der psychologischen Autonomie und das Modell der hierarchischen Verbundenheit. Dabei kommen die Modelle in ihrer Reinform selten bzw. gar nicht vor, sondern es treten verschiedenste Abstufungen und Mischformen auf.

Das Modell der psychologischen Autonomie geht vom selbstbestimmten und selbstständigen Kind aus. Kinder sollen schon möglichst früh die Möglichkeit bekommen, unabhängig und selbstbestimmt nach ihren Interessen, Wünschen und Bedürfnissen zu handeln; sie sollen später die Möglichkeit haben, so zu leben, wie es ihren Interessen und Bedürfnissen entspricht.

Beim Modell der hierarchischen Verbundenheit dagegen steht die Gruppe im Mittelpunkt. Hier herrscht eine klare und zum Teil hierarchische Rollenverteilung innerhalb der (Groß-)Familie. Die Eltern bestimmen über die Kinder; Werte wie soziale Verantwortung, Gehorsam den Eltern gegenüber und Respekt vor Älteren werden vermittelt. Wichtig ist hier nicht, dass der einzelne seine Bedürfnisse ausleben kann, sondern es der Gruppe als Gesamtheit und damit allen Gruppenmitgliedern gutgeht.

Grundsätzlich kann davon ausgegangen werden, dass das Modell der psychologischen Autonomie in westlichen, städtischen und ökonomisch gut gestellten Familien vorherrscht, während das Modell der hierarchischen Verbundenheit sich eher in ländlichen, armen Regionen der Dritten Welt findet. Betont werden muss aber noch einmal, dass die beiden sich gegenüberstehenden Modelle in ihrer Reinform kaum auftreten und auch innerhalb einer Nationalität oder Ethnie in sehr unterschiedliche Ausprägungen vorkommen: »Die Teheraner Arztfamilie wird sich der deutschen öffentlichen Erziehungsphilosophie in vielerlei Hinsicht eher verbunden fühlen, als mit ihren weniger formal gebildeten Landsleuten aus dörflichen Regionen des Iran« (Keller 2012, S. 15).

Die Unterschiede zwischen den Modellen zeigen sich in verschiedenster Weise: So werden Kinder, die eher im Kontext der hierarchischen Verbundenheit aufwachsen, zum Teil schon früh mit verantwortungsvollen Aufgaben betraut, die für die Gruppe wichtig sind, wie zum Beispiel mit dem Holen von Wasser oder dem Aufpassen auf jüngere Geschwister. Im Modell der psychologischen Autonomie aufwachsende Kinder müssen im gleichen Alter häufig noch keine Verantwortung übernehmen; sie sollen möglichst viel Freiraum bekommen, sich auszuleben. Kinder, die im Modell der hierarchischen Verbundenheit leben, schlafen häufig lange bei den Eltern, und ein eigenes Zimmer scheint unnötig, da persönlicher Freiraum in diesem Modell – zumindest in seiner Reinform – keine Rolle spielt. Wenn diese Kinder sich zeichnen, so stellen sie sich oft sehr viel kleiner und mit weniger individuellen Merkmalen dar als Kinder, die im Kontext der psychologischen Autonomie aufwachsen. Im Mittelpunkt ihres Lebens stehen nicht sie selbst, sondern die Gemeinschaft.

Nachdem die Bildungsleitlinien und -pläne der Länder stark durch das Modell der psychologischen Autonomie geprägt sind, ergeben sich immer wieder Irritationen zwischen pädagogischen Fachkräften und Migranten, die häufig eher das Modell der hierarchischen Verbundenheit vertreten. So kann die Vorstellung, dass ein Kind in der Krippe allein in einem Bett schlafen soll (allein, von der Gruppe getrennt), für die Eltern fast kindeswohlgefährdend anmuten, während alles andere für die pädagogischen

Fachkräfte undenkbar ist. Kinder, die mit hierarchischer Verbundenheit aufgewachsen sind, werden in der Kita vor die Herausforderung gestellt, sich mit neuen Themen, Tätigkeiten und Verhaltensweisen der Erwachsenen ihnen gegenüber auseinanderzusetzen. So kann die Aufforderung »Such dir was zum Spielen« eine große Herausforderung sein, wenn im Allgemeinen von Älteren vorgegeben wird, was wann getan wird, und zudem viel von dem, was es da zum Spielen gibt, unbekannt ist.

Gelingende interkulturelle Pädagogik basiert nach dem kultursensiblen Ansatz auf drei Komponenten: Kenntnis und Wissen über grundlegende kulturelle Unterschiede (also über die beiden vorgestellten Modelle), eine achtsame Haltung, die sich der eigenen kulturellen Prägung bewusst und dem »Anderen« gegenüber möglichst offen und neugierig ist, um in einen gegenseitigen Dialog auf Augenhöhe treten zu können. Schließlich gilt es, in die Kita auch pädagogische Strategien aus allen vorkommenden Modellen zu integrieren.

Pädagogik der Vielfalt

Annedore Prengel (2010) versucht mit der »Pädagogik der Vielfalt« Erkenntnisse der interkulturellen, der feministischen und der Integrationspädagogik zu einer inklusiven Pädagogik zu vereinen. Grundlage der Pädagogik der Vielfalt ist die Annahme der Gleichheit unter Berücksichtigung von Unterschieden zwischen Menschen. So haben alle Kinder die gleichen Grundbedürfnisse, wie zum Beispiel das Bedürfnis nach ausreichender Nahrung oder nach beständigen Beziehungen zu Erwachsenen, und sind gleich in Bezug auf ihre Rechte; aber gleichzeitig gibt es auch zahlreiche Unterschiede, zum Beispiel in der Familienkultur, der Bildungsbiografie oder in der physischen und psychischen Entwicklung. Diese Unterschiede dürfen nicht durch »Gleichmacherei« übersehen werden, sondern sollten gleichberechtigt nebeneinander stehen dürfen. So sollte jedes Kind die Möglichkeit bekommen, seinen eigenen Lernweg sowie seinen eigenen Lebensentwurf zu suchen, wobei Unterschiede als unbestimmt und veränderlich, nicht als feste »Schubladen« angesehen werden. Ziel ist also die Beibehaltung der Vielfalt, nicht der Versuch, die Kinder einander anzugleichen.

Damit dies in der Kita gelingen kann, müssen bestimmte Punkte berücksichtigt werden: Auf der didaktischen Ebene ist die Gestaltung des Raums und des Materialangebots besonders wichtig. So sollte es zum Beispiel ein Angebot aus Büchern, Dekorationen oder Rollenspielutensilien aus den verschiedensten Herkunftsländern geben. Dabei haben alle Kinder Zugang zu allen Materialien und können frei aus diesen wählen.

Auf der Beziehungsebene sollten alle Kinder die Chance haben, gemeinsam aufzuwachsen und so aus den Kontakten mit anderen zu lernen, wodurch Ausgrenzungen und Vorurteile minimiert werden. Dabei kann es natürlich zu Problemen kommen, die aber häufig geringer sind, als von den Erwachsenen angenommen.

Vorurteilsbewusste Erziehung

Der Ansatz der vorurteilsbewussten Erziehung basiert auf dem »Anti-Bias-Approach«, der in den 1980er Jahren von Louise Derman-Sparks und Kolleginnen in Amerika entwickelt wurde. Im Rahmen des Projektes KINDERWELTEN wurde der Ansatz dann für Deutschland von Petra Wagner, Christa Preissing und anderen angepasst und erprobt.

Bei diesem Ansatz wird davon ausgegangen, dass Diskriminierungen schon sehr früh beginnen und nicht nur wahrgenommen werden, sondern sich auch massiv auf die Kinder auswirken. So sind sich Kinder schon früh der Unterschiede in Geschlecht, Hautfarbe/Herkunft, körperlichen Merkmalen/Behinderungen und sozio-ökonomischem Status bewusst und bewerten diese auch wie die umgebende Gesellschaft. Diskriminierend wirken dabei nicht nur Abwertungen, sondern auch das Nicht-Thematisieren von bestimmten Lebenswirklichkeiten oder Verhaltensweisen.

Eine Oma ist nicht selbstverständlich

Bei einer Bilderbuchbetrachtung in einer Kleingruppe mit Vorschulkindern werden die Großeltern thematisiert. Plötzlich stellt ein Mädchen mit leicht hämischem Unterton fest: »Die Anja hat gar keine Oma!« Anja, die eigentlich recht selbstbewusst ist, reagiert daraufhin verunsichert und betroffen und meint, dass sie aber eine Leih-Oma habe, worauf das erste Mädchen erwidert, dass das ja keine richtige Oma sei. Erst da wird der Pädagogin bewusst, dass das Team das Vorhandensein von Großeltern in der Kita immer als selbstverständlich vorausgesetzt und »versprachlicht« hat.

Kinder wachsen in diskriminierenden Systemen auf und empfinden sie daher als »normal«. Das gilt sowohl für privilegierte als auch für diskriminierte Kinder. Gerade für privilegierte Kinder ist es daher schwer, Empathie für und Solidarität mit diskriminierten Menschen zu entwickeln. Aufgabe der pädagogischen Fachkräfte in der vorurteilsbewussten Erziehung ist es, Diskriminierung und Ausgrenzung vorzubeugen, damit alle Kinder gleiche Bildungschancen und Möglichkeiten der Teilhabe erhalten.

Das kann aber nur dann gelingen, wenn die eigene Praxis auf Vorurteile und deren Auswirkungen hin untersucht wird. Nachdem es nicht möglich ist, keine Vorurteile zu haben, ist es Ziel dieser Auseinandersetzung, festzustellen, wann durch die eigenen Vorurteile kindliches Handeln abgewertet, Ausgrenzung gerechtfertigt, Hänseleien verharmlost und/oder wenig Verständnis und Empathie für Kinder und Familien aufgebracht werden. Eine solche Reflexion ist für sich alleine deutlich weniger sinnvoll als im Team: Die unterschiedlichen Blickweisen der Beteiligten helfen dabei, die eigenen blinden Flecken zu entdecken. Zudem können so Veränderungen für die Praxis mit allen besprochen und verbindlich gemacht werden.

Damit sich jedes Kind als gleichwertig wahrnehmen kann, ist es wichtig, dass die Kinder in der Kita Dinge und Tätigkeiten finden, an die sie mit ihren Vorerfahrungen anknüpfen können, und ihre Lebenswirklichkeit in der Kita präsent ist und nicht abgewertet wird.

Schwerpunkt des Ansatzes ist die bewusste Auseinandersetzung mit Gemeinsamkeiten und Unterschieden sowie eine aktive Positionierung gegen Vorurteile, Diskriminierung und Einseitigkeiten. Dazu wurden vier Ziele formuliert, die aufeinander aufbauen:

1. Zunächst sollen alle Kinder in ihrer Identität gestärkt werden. Dazu gehört nicht nur die Stärkung persönlicher Ressourcen, sondern auch die Vorerfahrungen der Kinder und ihre Familienkulturen müssen anerkannt werden. Um dies ermöglichen zu können, müssen sich die pädagogischen Fachkräfte über die Lebenssituationen der Kinder informieren und blinde Flecken eingestehen. Eine reflexive Auseinandersetzung mit der eigenen (Familien-)Kultur, Vorurteilen und Diskriminierungen in unserer Gesellschaft ist dafür unerlässlich.
2. Das zweite Ziel ist, dass alle Kinder Erfahrungen mit Vielfalt machen, indem sie diese aktiv und bewusst erleben. Dazu wird die vorhandene Vielfalt in der Kita genutzt, indem zum Beispiel Unterschiede in Alter, Kleidung, Verhalten und/oder Vorstellungen aufgegriffen werden. Unterschiede werden gezielt thematisiert, wodurch zum Vergleichen, Aufeinander-Beziehen und Differenzieren angeregt werden soll. Die dabei verwendete Sprache sollte respektvoll, sachlich, nüchtern und direkt sein. Wenn es zu Abwertungen kommt, müssen diese besprochen werden.
3. Als drittes Ziel gilt die Anregung zu kritischem Denken über Vorurteile, Einseitigkeiten und Diskriminierungen: Ab vier Jahren erkennen Kinder Bilder und Verhaltensweisen als unfair oder unwahr. Wenn Erwachsene Kindern dabei helfen, eigene Diskriminierungserfahrungen zu versprachlichen – insbesondere ihre Gefühle dabei –, lernen diese, auch unfaires Verhalten gegenüber anderen zu benennen und zurückzuweisen. Das ist aber nur dann möglich, wenn die pädagogischen Fachkräfte die Verhaltensweisen selbst als ungerecht empfinden. Wichtig ist dabei, die Sprache, Kommunikation, Gepflogenheiten und Materialien in der Kita genau zu überprüfen, um unbewusste Diskriminierungen zu entdecken.
4. Schließlich sollen die Kinder dabei unterstützt werden, sich gegen Einseitigkeiten und Diskriminierung zu wehren. Sie sollen lernen, gegen Ungerechtigkeiten vorzugehen und das als lohnend zu erfahren. Dazu müssen Missstände in der Kita, aber auch außerhalb offen angesprochen und Aktivitäten der Kinder gegen Ungerechtigkeit unterstützt werden.

7.4 Repräsentation unterschiedlicher Lebenswelten in der Kita

Alle drei aufgeführten Ansätze betonen, dass die Lebenswelten der Kinder in Kitas berücksichtigt werden müssen, damit zum einen ihre Kompetenzen überhaupt zum Tragen kommen können und sie zum anderen erfahren, dass ihre Lebenswelt gewertschätzt wird bzw. nicht durch Nicht-Erwähnung eine Abwertung erfährt. Alle Kinder in der Kita sollen zudem unterschiedliche Lebenswelten kennenlernen und sich so der Vielfalt bewusst werden und die Bedürfnisse, Wünsche und Vorstellungen von Kindern aus anderen Lebenswelten nachvollziehen können.

Hier geht es also nicht darum, in erster Linie etwas Spezielles für Kinder mit Fluchterfahrungen bzw. Kinder mit Migrationshintergrund anzubieten, sondern Methoden und Materialien einzusetzen, die die interkulturellen Kompetenzen der gesamten Gruppe fördern.

Erster Schritt dazu ist die Überprüfung, inwieweit die Lebenswelten der Kinder im Kita-Alltag berücksichtigt werden und dementsprechend die vorhandene Raumgestaltung, Materialien und Aktivitäten zu überprüfen. Dabei ist darauf zu achten, dass die Einbeziehung der Lebenswelten nicht in eine »touristische«, klischeehafte Darstellung der Länder ausartet, sondern wirklich real existierende Lebenswelten der Kinder in der Kita und gegebenenfalls anderer Kinder auf der Welt repräsentiert werden. So stellen zum Beispiel Weltkarten und Bücher über die Welt, in denen sich Cowboys, Indianer und Chinesen mit Reishüten und Zöpfen tummeln, nicht die gegebene Vielfalt dar, sie vermitteln Klischees.

Raumgestaltung

Häufig wird hier gefordert, dass die Sprachen der Kinder im Eingangsbereich präsent sind. Auch durch Familienwände werden alle Familien der Kita sichtbar. Falls in der Bauecke oder im Bauraum Bilder von Bauwerken hängen, sollte überprüft werden, ob hier unterschiedlichste Baustile dargestellt sind – ähnliches gilt für alle Funktionsräume. In der Dekoration sollten sich unterschiedliche Lebenswelten ebenfalls widerspiegeln.

Materialien

Gerade bei den Materialien ist eine Überprüfung sinnvoll: Gibt es nur »weiße« Puppen oder auch welche mit anderen Hautfarben? Welche Kleidung ist für die Puppen da? Was für Kochutensilien/Kochgeschirr und Besteck gibt es in der Puppenküche? Was kann man im Kaufladen kaufen? Gibt es Baumaterialien, mit denen man Kuppeln und/oder runde Gebäude bauen kann? Gerade auch für das Rollenspiel ist darauf zu achten, dass Kinder hier Kleidungsstücke und Accessoires finden, die mit ihren Lebenswelten, ihren Erfahrungen zu tun haben.

Bilderbücher

Bei Bilderbüchern stellt sich die Frage, ob unterschiedliche Lebenswelten darin vorkommen. Dabei geht es nicht unbedingt darum, dass unterschiedliche Lebenswelten thematisiert werden, sondern alle möglichen Lebenswelten gegebenenfalls Grundlage der Geschichte sind (z. B. ein Buch, in dem ein Kind in die Kita kommt, das eben nicht aus einer biodeutschen Familie stammt). Natürlich gibt es auch zahlreiche Bücher, die sich explizit mit unterschiedlichen Lebenswelten beschäftigen und diese thematisieren. Gut geeignet sind hier nicht nur Bilderbücher, sondern auch Bildbände, die unterschiedliche Lebenswelten darstellen, zum Beispiel das Buch »Toy Stories« von Gabriele Galimberti, das Kinder aus verschiedensten Ländern der Welt mit ihren Spielsachen zeigt.

In mehrsprachigen Bilderbüchern oder Bilderbüchern in anderen Sprachen werden die Schriften und Sprachen der Kinder präsent. Dabei ist zu beachten, dass auch die inhaltliche, stilistische und künstlerische Gestaltung von Bilderbüchern aus verschiedenen Sprachen und Ländern unterschiedlich ist. Deshalb sollten Bilderbücher aus verschiedenen Ländern vorliegen – sei es nun allein auf Deutsch oder auch in mehreren Sprachen. Hier sei beispielhaft auf die Verlage Edition Orient und Baobab Boooks verwiesen, die sich beide zum Ziel gesetzt haben, Bilderbücher aus anderen Ländern und Sprachen auch in Deutschland zu verbreiten.

Essen

Üblicherweise wird beim Essen in den Kitas auf religiöse Vorschriften geachtet. Aber auch hier stellt sich die Frage, ob die vorhandenen Speisen die Lebenswelten der Kinder aufgreifen: Gibt es zum Beispiel manchmal Falafel oder Gerichte mit Hirse und Süßkartoffeln?

Wenn die Mahlzeiten vom Caterer geliefert werden, ist es natürlich schwierig, die Essgewohnheiten der Kinder angemessen zu berücksichtigen. Beim gemeinsamen Kochen mit den Kindern und bei Festen können Gerichte aus allen Familien gut eingebracht werden.

Aktivitäten

Auch bei den verschiedenen Aktivitäten sollte darauf geachtet werden, dass nicht nur »Deutsches« unternommen wird: So gibt es in Büchern und im Internet Sammlungen von Liedern und Spielen aus verschiedenen Ländern, die genutzt werden können, wenn die Kinder nicht selbst Vorschläge haben. Die Muttersprachen können auch beim Begrüßen und Verabschieden und beim Zählen der Kinder vergleichsweise einfach präsent gemacht werden. Vom Kochen war ja schon die Rede, zudem stellt sich die Frage, ob bestimmte kreative Aktivitäten wie zum Beispiel das Anfertigen von Henna-Tatoos aus den Familien in die Kita getragen werden können.

Spätestens hier wird klar, dass die Einbeziehung der Eltern eine große Rolle spielt. Um nicht nur auf Vermutungen angewiesen zu sein, was Kinder aus bestimmten Herkunftsländern spielen, essen oder basteln könnten, müssen die Eltern befragt werden, was denn wirklich in ihrer Familie bekannt und wichtig ist. Und wenn es ums Vorlesen in Sprachen geht, die man selbst nicht spricht, sind die Eltern im Kita-Alltag unbedingt gefragt.

7.5 Kulturelle Hürden bei der Zusammenarbeit mit Eltern

Immer wieder wird die Zusammenarbeit mit Familien mit Migrationshintergrund als schwierig beschrieben: Die Eltern kommen nicht oder selten zu Festen oder Elterngesprächen – und wenn doch, gestaltet sich die Kommunikation schwierig. Meist werden diese Probleme auf sprachliche Barrieren oder aber Desinteresse der Eltern zurückgeführt. Kulturelle Barrieren werden in der Praxis erstaunlicherweise relativ selten als Grund angenommen.

Vorstellungen von Kita

In vielen Ländern gibt es gar keine Kitas oder sie sind anders organisiert als in Deutschland – ähnlicher den amerikanischen Preschools oder französischen École maternelles, die sich stärker an Schule orientieren. So haben die Eltern in aller Regel wenig Vorstellungen davon, was Kita genau bedeutet, und können so zum einen ihre Kinder nicht wirklich auf den Besuch einer Einrichtung vorbereiten und zum anderen auch nicht einschätzen, warum Kita so gestaltet ist, wie sie ist.

Viele Eltern mit Fluchterfahrung haben den Eindruck, dass eine Kita eine reine Betreuungseinrichtung ist, ohne sich bewusst zu sein, dass es sich hier auch um Bildungseinrichtungen handelt. Zwar ist der wichtigste Grund, Kinder in der Kita anzumelden, der Wunsch, dass sie dort Deutsch lernen bzw. im Hort auch bei den Hausaufgaben unterstützt werden. Viele Eltern nehmen aber (nicht zu unrecht) an, dass das Deutsch-Lernen vor allem im Kontakt mit den anderen Kindern geschieht. Wenn Eltern Kitas als Begegnungs- und Aufbewahrungsorte wahrnehmen, so besteht keine

Notwendigkeit, ihre Kinder zu einer bestimmten Zeit oder jeden Tag dorthin zu bringen. Auch der Nutzen von Elternabenden und -gesprächen ist zum Teil unklar: Wenn ich weiß, dass mein Kind sich in der Kita wohlfühlt und es von meiner Seite keine Fragen gibt, warum sollte ich dann an einem Elterngespräch teilnehmen?

Andere Eltern orientieren sich eher an ihrem Bild von Schule und sind zum Teil irritiert, dass die Kinder keine Hausaufgaben zum Beispiel in Form von Wortlisten bekommen, um Deutsch zu lernen.

So ist es sehr sinnvoll, im Aufnahmegespräch nach den Vorstellungen und Erwartungen der Eltern zu fragen und sie darüber zu informieren, welche Funktion Kitas im deutschen Bildungssystem haben und wie sie diese Funktion wahrnehmen. Eine Hilfe kann hier auch die mehrsprachige Broschüre »Kinder in Tageseinrichtungen – Informationen für Eltern im Rahmen des Asylverfahrens« sein, die das Bayerische Staatsministerium für Arbeit und Soziales, Familie und Integration auf Deutsch, Englisch, Französisch, Dari, Saudi Arabisch und Somali unter www.zukunftsministerium.bayern.de/kinderbetreuung/index.php zum Download anbietet. Hier wird ganz allgemein vorgestellt, was eine Kita überhaupt ist.

Unterschiedliche Vorstellungen von Erziehung, Entwicklung und Lernen

Schon in Kapitel 7.3 wurde mit dem Ansatz der kultursensitiven Frühpädagogik aufgezeigt, welche Auswirkungen unterschiedliche Erziehungsziele haben. Ähnliches gilt natürlich auch für unterschiedliche Vorstellungen vom Kind und von kindlicher Entwicklung. So gehen Kulturen von unterschiedlichen Zeitpunkten aus, zu denen Kinder bestimmte Dinge lernen können und/oder sollen.

Wann ist es an der Zeit ...?

Eine niederländische Fortbildnerin erzählt begeistert, dass sie in Berlin eine Krippe besucht hat und alle Kinder dort selbstständig gegessen hätten. Nach kurzem, leicht irritiertem Schweigen erklärt ihr eine Teilnehmerin, dass dies in Deutschland der Regelfall ist. Ähnlich irritierend ist dann ein niederländisches Video, in dem die pädagogische Fachkraft jedem Kind einzeln sein Brot vorbereitet – die Kinder waren zwischen zwei und drei Jahren alt.

Immer wieder kommen Kinder in den Kindergarten, bei denen man den Eindruck hat, dass sie noch nicht viele Bildungserfahrungen gemacht haben. Das kann damit zu tun haben, dass in der Familienkultur davon ausgegangen wird, Kinder seien in diesem Alter noch nicht bildungsfähig. Wenn die Umgebung und die Familie sehr unterschiedliche Vorstellungen haben, wann ein Kinder welche Kompetenzen ausgebildet haben sollte, ergibt sich ein Problem: Bildungseinrichtungen gehen von einem bestimmten Stand der Kinder aus und organisieren ihre Arbeit dementsprechend. Auf Kinder, die diesen Stand deutlich unter- oder überschreiten, sind Institutionen im Allgemeinen nur bedingt eingestellt. Auch in solchen Fällen ist es sinnvoll, sich mit den Eltern über die unterschiedlichen Vorstellungen auszutauschen, genauso wie über unterschiedliche Erziehungsmaßnahmen und -stile (siehe dazu Schlösser 2012).

Weitere kulturelle Hürden

Natürlich können im Kontakt mit den Eltern auch noch weitere kulturelle Barrieren auftreten, wie unterschiedliche Umgangs- und Kommunikationsformen und vieles mehr (siehe auch Kapitel 7.2). Gut lassen sich diese Hürden dann nehmen, wenn zwischen Eltern und pädagogischen Fachkräften eine vertrauensvolle Beziehung besteht. So ist auch in der Zusammenarbeit mit den Eltern der Beziehungsaufbau als wichtige Grundlage nicht zu unterschätzen.

8.

Unterstützung für Kitas durch Vernetzung

In diesem Kapitel erfahren Sie

- wo sich pädagogische Fachkräfte Informationen und Unterstützung holen können
- welche Belange und Schwerpunkte die verschiedenen Institutionen abdecken
- wo Familien mit Fluchterfahrung selbst Beratung und Hilfe bekommen

Grundsätzlich gibt es keine oder kaum Stellen, die sich speziell mit Kindern mit Fluchterfahrungen befassen und gleichzeitig darauf eingerichtet sind, Kitas oder Bildungseinrichtungen zu beraten oder zu unterstützen. Im Folgenden werden vor allem Stellen aufgeführt, die sich direkt an Flüchtlinge wenden, damit aber auch gute Ansprech- und Vernetzungspartner für Kitas sein können.

8.1 Behörden

Behörden eignen sich dann als Ansprechpartner für Kitas, wenn es um Belange geht, die in ihren Regelungsbereich fallen. Hier sind drei Ämter zu nennen, die in der Regel jeweils im Landratsamt bzw. in kreisfreien Städten in der Kommunalverwaltung angesiedelt sind:

Ausländeramt oder Ausländerbehörde

Das Ausländeramt ist zuständig für Aufenthalts- und Niederlassungserlaubnisse, zudem wird dort über Duldungen entschieden. Auch für Fragen der Residenzpflicht sind die Ausländerämter Ansprechpartner.

Sozialamt

Die Sozialämter sind für die Leistungen nach dem Asylbewerberleistungsgesetz zuständig. Von ihnen werden die Sozialleistungen ausgezahlt sowie gegebenenfalls Krankenscheine ausgestellt. In der Regel beraten und betreuen die Sozialämter Asylsuchende auch in Bezug auf rechtliche Fragen und das Asylverfahren, wobei die Beratung auch ausgelagert werden kann, zum Beispiel an die Wohlfahrtsverbände.

Jugendamt

Leistungen nach SGB VIII gelten in der Regel für Familien mit Fluchterfahrungen gleichermaßen wie für deutsche Familien. Hier – wie auch für Leistungen auf Bildung und Teilhabe – ist das Jugendamt in gewohnter Manier zuständig.

8.2 Migrations- und Flüchtlingsberatung

In Paragraf 45 des Aufenthaltsgesetzes ist geregelt, dass neben den Integrationskursen die Integration von Ausländern insbesondere durch sozialpädagogische und migrationsspezifische Beratungsangebote befördert werden soll. Für die Konzeption und Durchführung dieser Beratungen ist das Bundesamt für Migration und Flüchtlinge (BAMF) zuständig. Im Augenblick werden diese Beratungsangebote durch die Migrationsberatung für erwachsene Zuwanderer (MBE) und den Jugendmigrationsdienst (JMD) realisiert. Träger der Beratungsstellen sind in der Regel Wohlfahrtsverbände.

Migrationsberatung für erwachsene Zuwanderer (MBE)

Die MBE richtet sich in erster Linie an neu ankommende Zuwanderer und Spätaussiedler, bei denen davon auszugehen ist, dass sie längerfristig in Deutschland bleiben werden. Weitere Gruppen – unter anderem alle Zuwanderer, die zu einem Integrationskurs verpflichtet sind (siehe Kapitel 1.6) – werden ebenfalls beraten. An Asylsuchende und Personen mit geringer Bleibeperspektive richtet sich das Angebot offiziell nicht. Allerdings bieten die Wohlfahrtsverbände, die in der Regel Träger der MBE sind, oft gleichzeitig auch Beratung für diese Gruppen an.

Jugendmigrationsdienst (JMD)

Der Jugendmigrationsdienst richtet sich an Kinder, Jugendliche und junge Erwachsene im Alter von 12 bis 27 Jahren. Auch Eltern werden insbesondere zur Bildung und Ausbildung ihrer Kinder beraten.

Flüchtlingsberatung

Insbesondere der MBE richtet sich primär an Personen, die einen Aufenthaltstitel haben, nicht aber an Asylsuchende, geduldete oder zum Beispiel illegal in Deutschland lebende Personen. Die Lücke füllen vor allem Flüchtlingsberatungsstellen, die in der Regel von Wohlfahrtsverbänden und anderen gemeinnützigen Organisationen betrieben werden. Häufig wird dann die Flüchtlingsberatung in die Migrationsberatungsstellen integriert.

Standortsuche

Das Bundesamt für Migration und Flüchtlinge stellt auf seiner Seite **webgis.bamf.de/BAMF/control** eine Suchmaschine zur Verfügung, mit der unter anderem nach MBEs und JMDs in Wohnortnähe gesucht werden kann.

Auch manche Wohlfahrtsverbände haben Listen oder Karten dazu im Internet veröffentlicht:

Migrationsberatungsstellen der Arbeiterwohlfahrt (AWO) finden sich unter: **www.awo.org/fileadmin/user_upload/documents_Awo/beratung_und_hilfe/Migration/2015/MBE_Standorte_November_2015.pdf**

Migrationsberatungsstellen des Deutschen Roten Kreuzes (DRK) sind aufgeführt unter: **www.drk.de/angebote/migration-und-suchdienst/beratungsangebote.html**

Migrationsberatungsstellen der der Diakonie finden sich unter: **www.diakonie.de/service-navigator.html?action=map&e=g233558**

Eine interaktive Karte mit den Standorten der Beratungsstellen gibt es auf der Homepage des JMD (www.jmd-portal.de) unter: **www.jmd-portal.de/_template.php?1=1**

Eine umfassende Link-Sammlung zu Stellen, die Flüchtlinge beraten (darunter auch Migrationsberatungen), findet sich unter: **www.igfm.de/menschenrechte/hilfe-fuer-den-notfall/fluechtlingsberatung/**

Integrations- und Migrationsbeauftragte, Ausländer- und Integrationsräte

Integrations- bzw. Migrationsbeauftrage gibt es in vielen Kommunen oder Landkreisen. Ihre Aufgabe ist es, Bedingungen für gelingende Integration zu schaffen und Migranten dabei zu unterstützen, sodass eine Vernetzung mit Kitas hier sehr naheliegt.

Ausländer- und Integrationsräte haben die Aufgabe, die Interessen der Ausländer auf kommunaler Ebene zu vertreten. Auch sie können wertvolle Ansprechpartner für Belange der Flüchtlinge sein.

8.3 Ehrenamtliche

Häufig gibt es dort, wo Flüchtlinge untergebracht sind, auch Helferkreise, die die Menschen beim Ankommen in Deutschland und der Bewältigung des Alltags unterstützen. Sie geben Deutschunterricht, übernehmen Fahrdienste, helfen bei Ämtergängen und dem Ausfüllen von Formularen und vielem, vielem mehr.

Ehrenamtliche wurden schon erwähnt, als es um die Zusammenarbeit mit Eltern ging (siehe Seite 91 f.). Sie können auch gute Kulturmittler sein, da sie meist die Familien und ihre Gebräuche schon länger kennen. Wenn Ehrenamtliche als Unterstützer in der Kita eingeschaltet werden sollen, ist natürlich darauf zu achten, dass die betreffenden Familien Bescheid wissen und die Ehrenamtlichen über ihre Schweigepflicht und andere datenschutzrechtliche Regelungen informiert werden.

Keine Frage: Ehrenamtliche sind in aller Regel sehr, sehr gute Hilfen. Doch manchmal kann es vorkommen, dass die Ehrenamtlichen sich der Kompetenzen der Familien nicht bewusst sind und keine Hilfe zur Selbsthilfe geben, sondern Flüchtlinge vor allem als Opfer sehen, denen nun möglichst viel abgenommen werden sollte. So kommt es immer wieder zu Fällen, in denen Ehrenamtliche zum Beispiel fordern, dass Flüchtlingen alle Kosten erlassen werden oder für diese bestimmte Regeln nicht zu gelten haben, da sie für sie nur schwer einzuhalten sind. Hier stellt sich die Frage, womit spezielle Regelungen für Flüchtlinge gerechtfertigt werden sollten – es gibt auch andere Personengruppen, die mit ähnlichen Problemen wie Flüchtlinge konfrontiert sind.

Hilfe zur Selbsthilfe?

Eine Pädagogin erzählt, dass der Helferkeis vor Ort die Kinder einer Familie regelmäßig mit dem Auto zur Kita bringt und abholt. Den Eltern soll damit der Weg abgenommen werden, weil sie es nicht gewohnt seien, zu Fuß zu gehen. Da nur die Kinder mitgenommen werden, kommt es dadurch für die Kita kaum zu Kontakt mit den Eltern.

8.4 Organisationen für Flüchtlinge

Schließlich sind noch die großen Organisationen zu nennen, die sich mit dem Thema Asyl auseinandersetzen und Flüchtlinge unterstützen. Gerade wenn es darum geht, grundlegende Informationen zum Thema Flucht und Flüchtlinge zu bekommen, ist es sinnvoll, sich an diese Organisationen zu wenden.

Pro Asyl

Pro Asyl ist eine bundesweit agierende Menschenrechtorganisation, die 1985 gegründet wurde, um Flüchtlinge zu unterstützen. Die Organisation ist zum einen politisch tätig, unterstützt und berät aber auch Ehrenamtliche (Mitglieder) und in geringem Maße auch Flüchtlinge. Pro Asyl vernetzt auch diejenigen, die sich für Flüchtlinge einsetzen. Auf der Homepage www.proasyl.de finden sich weitere Informationen.

Flüchtlingsräte

Flüchtlingsräte gibt es in jedem Bundesland. In ihnen sind sowohl Flüchtlinge selbst als auch Unterstützer engagiert. Die Flüchtlingsräte sind über Pro Asyl vernetzt, agieren ebenfalls politisch, koordinieren Gruppen vor Ort und bieten diesen Service-Leistungen an. Dazu gehören in der Regel auch Listen von unterschiedlichen Anlaufstellen wie Flüchtlingsberatungsstellen oder psychosozialen Zentren, die sich auf Flüchtlinge spezialisiert haben. Ein Verzeichnis der Flüchtlingsräte mit Link auf die jeweilige Homepage findet sich unter: **www.proasyl.de/de/ueber-uns/foerderverein/arbeitsbereiche/fluechtlings raete/#c1158**

Bundesfachverband unbegleitete minderjährige Flüchtlinge e. V. (BumF)

Im BumF haben sich Personen und Institutionen zusammengeschlossen, die mit unbegleiteten minderjährigen Flüchtlingen zu tun haben. Ziel ist es, deren Lebenssituation durch politische Arbeit, die Vernetzung der Fachöffentlichkeit sowie Wissensvermittlung auf Fachtagungen und Schulungen zu verbessern. Die Homepage des BumF findet sich unter: **www.b-umf.de/**

Weitere Vernetzungspartner

Natürlich gibt es weitere Vernetzungspartner, die hier aber nicht einzeln aufgeführt werden können. Bereits genannt wurden in den Kapiteln 5.5 und 5.6 psychosoziale Zentren sowie die Mitglieder der Bundesarbeitsgemeinschaft Traumapädagogik. Zudem könnten nun noch all diejenigen Vernetzungspartner, die auch in Zusammenhang mit anderen Kindern und Familien tätig sind, wie Frühförderstellen, kulturelle Institutionen etc., dazugezählt werden. Hier wird aber davon ausgegangen, dass diese Adressen in der Praxis bereits hinlänglich bekannt sind.

Literaturverzeichnis

o. A. (2015): München rechnet mit Tausenden obdachlosen Flüchtlingen. In: Die Welt, 14.12.2015. www.welt.de/regionales/bayern/article149932208/Muenchen-rechnet-mit-Tausenden-obdachlosen-Fluechtlingen.html (Zugriff am 24.01.2016).

o. A. (2015): Asylverfahren in Zahlen. Wo die Flüchtlinge herkommen – und wie viele bleiben dürfen. In: Spiegel Online, 18.09.2015. www.spiegel.de/politik/deutschland/fluechtlingskrise-die-aktuelle-asyl-statistik-a-1053575.html (Zugriff am 23.01.2016).

o. A. (2015): Warten auf »Aktenanlage« verlängert Asylverfahren. In: Zeit Online, 10.10.2015. www.zeit.de/politik/deutschland/2015-10/asylverfahren-fluechtlinge-bamf-erstaufnahme (Zugriff am 23.01.2016).

Albers, Timm (2009): Sprache und Interaktion im Kindergarten. Eine quantitativ-qualitative Analyse der sprachlichen und kommunikativen Kompetenzen von drei- bis sechsjährigen Kindern. Bad Heilbrunn: Klinkhardt.

Albers, Timm (2010): Kinder brauchen Kinder – auch und besonders für die sprachliche Entwicklung. Die Bedeutung der Gleichaltrigen für den Erwerb sprachlicher Kompetenzen. In: kindergarten heute, 2/2010, S. 8–13.

Amnesty International & Pro Asyl (2015): Offener Brief zur Abstimmung zum Asylverfahrensbeschleunigungsgesetz, 14.10.2015. www.proasyl.de/de/presse/detail/news/offener_brief_zur_abstimmung_zum_asylverfahrensbeschleunigungsgesetz/ (Zugriff am 23.01.2016).

Antwort der Bundesregierung auf die Kleine Anfrage der Abgeordneten Ulla Jelpke, Sevim Dağdelen, Harald Petzold (Havelland), weiterer Abgeordneter und der Fraktion DIE LINKE. – Drucksache 18/4390 –, 10.4.2015. http://dipbt.bundestag.de/dip21/btd/18/045/1804581.pdf (Zugriff am 24.01.2016).

Bayerischer Rundfunk Franken (Hrsg.) (2014): Asylrecht. Das deutsche Asylverfahren, 08.09.2014. www.br.de/franken/inhalt/zeitgeschichte/asylrecht-asylverfahren-100.html (Zugriff am 23.01.2016).

Bayerisches Staatsministerium für Arbeit und Soziales, Familie und Integration (Hrsg.) (2015): Zahlen und Fakten. Der Zugang (Bund/Bayern), 30.12.2015. www.zukunfts ministerium.bayern.de/migration/asyl/index.php (Zugriff am 23.01.2016).

Bayerisches Staatsministerium für Arbeit und Soziales, Familie und Integration (o. J.): Fragen & Antworten. Asyl in Deutschland – Antworten zu den wichtigsten Fragen. www.stmas.bayern.de/migration/fragen/index.php (Zugriff am 23.01.2016).

Berthold, Thomas (2014): In erster Linie Kinder. Flüchtlingskinder in Deutschland. www.unicef.de/blob/56282/fa13c2eefcd41dfca5d89d44c72e72e3/fluechtlingskinder-in-deutschland-unicef-studie-2014-data.pdf (Zugriff am 24.01.2016).

Borke, Jörn & Keller, Heidi (2014): Kultursensitive Frühpädagogik. Stuttgart: Kohlhammer.

Bundesamt für Migration und Flüchtlinge (Hrsg.) (2012): Politisch Verfolgte genießen Asyl. Asylrecht hat in Deutschland Verfassungsrang, 12.12.2012. www.bamf.de/DE/Migration/AsylFluechtlinge/Asylrecht/asylrecht-node.html (Zugriff am 23.01.2016).

Bundesamt für Migration und Flüchtlinge (Hrsg.) (2014): Politisch Verfolgte genießen Asyl. Asylrecht hat in Deutschland Verfassungsrang, Abschiebungsverbote, 20.06.2014. www.bamf.de/DE/Migration/AsylFluechtlinge/Abschiebungsverbote/abschiebungsverbote-node.html (Zugriff am 23.01.2016).

Bundesamt für Migration und Flüchtlinge (Hrsg.) (2015a): Aktuelle Zahlen zu Asyl. www.bamf.de/SharedDocs/Anlagen/DE/Downloads/Infothek/Statistik/Asyl/statistik-anlage-teil-4-aktuelle-zahlen-zu-asyl.pdf?__blob=publicationFile (Zugriff am 23.01.2016).

Bundesamt für Migration und Flüchtlinge (Hrsg.) (2015b): Das Bundesamt in Zahlen 2014. Asyl, Migration und Integration, Juli 2015. www.bamf.de/SharedDocs/Anlagen/DE/Publikationen/Broschueren/bundesamt-in-zahlen-2014.pdf?__blob=publicationFile (Zugriff am 23.01.2016).

Bundesarbeitsgemeinschaft Traumapädagogik (Hrsg.) (2011): Standards für traumapädagogische Konzepte in der stationären Kinder- und Jugendhilfe. Ein Positionspapier der BAG Traumapädagogik. www.bag-traumapaedagogik.de/index.php/standards.html (Zugriff am 03.03.2016).

Bundesfachverband Unbegleitete Minderjährige Flüchtlinge e. V. (Hrsg.) (2013): Kinder zweiter Klasse. Bericht zur Lebenssituation junger Flüchtlinge in Deutschland an die Vereinten Nationen zum Übereinkommen über die Rechte des Kindes. www.b-umf.de/images/parallelbericht-bumf-2013-web.pdf (Zugriff am 24.01.2016).

Bundespsychotherapeutenkammer & Bundesärztekammer (2015): Vorschlag der Bundespsychotherapeutenkammer (BPtK) und der Bundesärztekammer (BÄK) zu den Eckpunkten eines Modellprojektes zur Verbesserung der Versorgung psychisch kranker Flüchtlinge. www.bptk.de/uploads/media/20151016_Vorschlag_Modellprojekt_Versorgung_psychisch_kranker_Fluechtlinge_BPtK_BAEK.pdf (Zugriff am 03.03.2016).

Cummins, James (1982): Die Schwellenniveau- und die Interdependenz-Hypothese: Erklärungen zum Erfolg zweisprachiger Erziehung. In: James Swift (Hrsg.): Bilinguale und multikulturelle Erziehung. Würzburg: Königshausen + Neumann, S. 34–43.

Deutsches Institut für medizinische Dokumentation und Information (Hrsg.) (2016): Internationale statistische Klassifikation der Krankheiten und verwandter Gesundheitsprobleme, 10. Revision, German Modification, Version 2016 mit Aktualisierung vom 21.12.2015. www.dimdi.de/static/de/klassi/icd-10-gm/kodesuche/onlinefassungen/htmlgm2016/ (Zugriff am 03.03.2016).

Flüchtlingsrat Niedersachsen (Hrsg.) (2015): Leitfaden für Flüchtlinge in Niedersachsen, 31.12.2015. www.nds-fluerat.org/Leitfaden/ (Zugriff am 23.01.2016).

Framhein, Gisela (2009): Standards für die Begutachtung von Flüchtlingskindern in aufenthaltsrechtlichen Verfahren. In: Frank Reiner (Hrsg.): Kinder zwischen den Kulturen, S. 141–163. www.refugio-muenchen.de/pdf/zur-begutachtung-von-fluechtlingskindern-in-aufenthaltsrechtlichen-verfahren.pdf (Zugriff am 03.03.2016).

Freudenberg Stiftung (Hrsg.) (2015): INITIATIVE. Bildungsrecht für Kinder mit Fluchterfahrung: Jetzt! www.freudenbergstiftung.de/files/bildungsrecht_f__r_kinder_mit_fluchterfahrung_jetzt.pdf (Zugriff am 23.01.2016).

Frontex (Hrsg.) (o. J.): Migratory Routes Map. http://frontex.europa.eu/trends-and-routes/migratory-routes-map/ (Zugriff am 23.01.2016).

Galimberti, Gabriele (2013): Toy Stories. Photos of Children from around the world and their favorite things. New York: Abrams Image.

Gavranidou, Maria et al. (2008): Traumatische Erfahrungen, aktuelle Lebensbedingungen im Exil und psychische Belastung junger Flüchtlinge. In: Kindheit und Entwicklung 17 (4), S. 244–231.

Gernhardt, Ariane; Herrmann, Karsten & Korte-Rüther, Maria (2013): Interkulturelle Kompetenz in der Kita. Nifbe-Themenheft Nr. 16.

Girolametto, Luigi & Weitzman, Elaine (2002): Responsiveness of Child Care Providers in Interactions with Toddlers and Preeschoolers. In: Language, Speech, and Hearing Services in Schools 33, S. 268–281.

Johannson, Susanne (2014): Empirie, Forschungsstand und Forschungsbedarf zu begleiteten Flüchtlingskindern in Deutschland. In: DJI Top Thema, Januar 2014. www.dji.de/index.php?id=43324 (Zugriff am 23.01.2016).

Jungmann, Tanja; Koch, Katja & Etzien, Maria (2013): Effektivität alltagsintegrierter Sprachförderung bei ein- und zwei- bzw. mehrsprachig aufwachsenden Vorschulkindern. In: Frühe Bildung 2 (3), S. 110–121.

Keller, Heidi (2012): Kulturelle Modelle und ihre Bedeutung für die frühkindliche Bildung. In: Heidi Keller (Hrsg.): Interkulturelle Praxis in der Kita. Freiburg: Herder, S. 11–23.

Klein, Wolfgang (2000): Prozesse des Zweitspracherwerbs. In: Hannelore Grimm (Hrsg.): Enzyklopädie der Psychologie, Vol. 3, S. 538–570. Göttingen: Hogrefe. www.mpi.nl/world/materials/publications/Klein/139_2000_Prozesse_des_Zweitspracherwerbs.pdf (Zugriff am 03.03.2016).

Knipper, Michael & Bilgin, Yasar (2009): Migration und Gesundheit, Konrad-Adenauer-Stiftung. www.kas.de/wf/doc/kas_16451-544-1-30.pdf?100422141713 (Zugriff am 23.01.2016).

Koch, Katja & Jüttner, Ann-Kathrin (2012): Sprachförderprogramme in der Kita. In: kindergarten heute 10/2012, S. 26–31.

Kropp, Judith (2014): Du bist hier nicht mehr tragbar! Die Notwendigkeit traumapädagogischer Arbeit in der stationären Kinder- und Jugendhilfe. Bachelor-Thesis Hochschule für Angewandte Wissenschaften, Hamburg. http://edoc.sub.uni-hamburg.de/haw/volltexte/2014/2724/pdf/WS.SA.BA.ab14.98.pdf (Zugriff am 23.01.2016).

Krüger, Andreas (2015): Erste Hilfe für traumatisierte Kinder. Ostfildern: Patmos.

Kühn, Martin (2008): Wieso brauchen wir eine Traumapädagogik? Annäherung an einen neuen Fachbegriff. In: Trauma & Gewalt 2 (4), S. 318–327.

Lanfranchi, Andrea (2004): Kinder aus Kriegsgebieten in europäischen Einwanderungsländern. Trauma, Flucht, Schule und Therapie. Vortrag auf dem V. Europäischen Kongress für Familientherapie und Systemische Praxis, Berlin, 01.10.2004. www.systemagazin.de/bibliothek/texte/lanfranchi_KriegstraumaKinder.pdf (Zugriff am 03.03.2016).

Leisau, Annett (o. J.): Kindergärten für Weltkinder: Zur interkulturellen Pädagogik im Elementarbereich. In: Martin R. Textor (Hrsg.): Das Kita-Handbuch. www.kinder gartenpaedagogik.de/1525.html (Zugriff am 03.03.2016).

Mall, Volker (2015): Medizinische Versorgung minderjähriger Flüchtlinge in Deutschland: Eine neue große Herausforderung für die Kinder- und Jugendmedizin. Pressegespräch 1. September 2015. www.dgkj.de/fileadmin/user_upload/images/Presse/Jahrestagung_2015/1509_DGSPJ.pdf (Zugriff am 23.01.2016).

Mayr, Toni; Hofbauer, Christiane; Kofler, Anita & Simic, Mirjana (2012): LiSKit. Literacy und Sprache in Kindertageseinrichtungen. Freiburg: Herder.

Merhoff, Klaus (2014): Bei Flüchtlingen: Zahn ziehen statt plombieren. In: Main-Post, 12.1.2014. www.mainpost.de/regional/franken/Asylbewerber-Asylbewerberleistungsgesetz-Doktorarbeiten-Fluechtlinge-Fluechtlingskinder-Gesetzeslage-Karies-Zahnbuers ten-Zahnmedizin-Zahnpflege;art1727,7886375 (Zugriff am 23.01.2016).

Montanari, Elke (2011): Erst- und Zweitsprache: Zum Umgang mit Begriffen. www.kita-fachtexte.de/uploads/media/KiTaFT_Montanari_2011.pdf, 2011 (Zugriff am 03.03.2016).

Muschel, Roland & Frank, Hans Georg (2015): Land kommt Kommunen bei Mindestwohnflächen entgegen. In: Schwäbisches Tagblatt, 27.07.2015. www.tagblatt.de/Nachrichten/Land-kommt-Kommunen-bei-Mindestwohnflae chen-entgegen-230805.html (Zugriff am 24.01.2016).

Nünning, Ansgar (2009): Vielfalt der Kulturbegriffe. In: Bundeszentrale für politische Bildung (Hrsg.): www.bpb.de/gesellschaft/kultur/kulturelle-bildung/59917/kultur begriffe?p=all, 2009 (Zugriff am 03.03.2016).

Oberzaucher-Tölke, Inga (o. J.): »Deine Kultur, meine Kultur«: Warum es sich lohnt, die »Kulturbrille« hin und wieder abzusetzen. In: Martin R. Textor (Hrsg.): Das Kita-Handbuch. www.kindergartenpaedagogik.de/2271.html (Zugriff am 03.03.2016).

Oelrich, Claudia (o. J.): Die »Kinderstudie« – Ein Kooperationsprojekt von fluchtpunkt und der Spezialambulanz für Flüchtlingskinder und ihre Familien am UKE. www.kinderfluchtpunkt.de/site/main/m_fluechtlingskinderstudie.html (Zugriff am 03.03.2016).

Prengel, Annedore (2010): Wie viel Unterschiedlichkeit passt in eine Kita? Theoretische Grundlagen einer inklusiven Praxis in der Frühpädagogik. Vortrag am WiFF Fachforum: Von einer Ausländerpädagogik zur inklusiven Frühpädagogik – Neue Anforderungen an frühpädagogische Fachkräfte, 29.06.2010, München. www.weiterbildungsinitiative.de/uploads/media/ WiFF_Fachforum_Inklusion_Im pulsreferat_Prof._Dr._Prengel.pdf (Zugriff am 03.03.2016).